« À L'INSU DE MON PLEIN GRÉ »

ISBN : 978-2-263-17210-6
Code éditeur : L17210
Dépôt légal : octobre 2020

Solar, un département d'Édi8

« À L'INSU DE MON PLEIN GRÉ »

LES PLUS BELLES EXCUSES DU DOPAGE

CHRISTOPHE DUCHIRON et **MANUEL TISSIER**

SOLAR

SOMMAIRE

C'EST PAS MOI, C'EST MA FAMILLE

C'EST PAS MOI, C'EST LA NOURRITURE

C'EST PAS MOI, C'EST LA BOISSON

C'EST PAS MOI, C'EST MON CORPS

C'EST PAS MOI, C'EST UN COMPLOT

C'EST PAS MOI, C'EST À MON INSU

C'EST PAS MOI, C'EST LA PHARMACIE

C'EST PAS MOI, C'EST LA DROGUE

PRÉAMBULE

Le livre que vous tenez entre les mains, autant l'avouer, se pare de quelques prétentions, puisqu'il convoque le sport de compétition, la science médicale, le dopage, une certaine dose de surréalisme et des excuses de cour d'école.

Cette anthologie rassemble les plus beaux mensonges inventés par les athlètes dès lors qu'ils se sont fait prendre par la patrouille antidopage. Et, en pareil cas, ils ne font pas dans la dentelle, mais dans le gros ou le demi-gros. Ils construisent du mensonge en toc massif, laissent libre cours à l'extravagance et à l'insolite. Certaines dénégations, certains alibis sont de petits bijoux romanesques. Qu'ils rejettent la faute sur leur famille, leurs cheveux, leur pénis, leur grossesse, leur docteur, leur pharmacien ou sur la météo, ces champions sont aussi créatifs sur le terrain du bobard que dans leurs disciplines respectives. D'autres stratégies, plus obscures, trahissent la panique du petit garçon qui s'est fait prendre la main dans le pot de confiture, debout sur l'escabeau !

Dans de rares cas, la réalité dépasse l'affliction : certaines versions loufoques et arguments grotesques parviennent même à innocenter leurs auteurs, soit qu'ils témoignent de la complaisance des autorités, soit qu'ils relatent effectivement la vérité !

Aux grands penseurs, aux moralistes, aux procureurs antisport qui décrètent que le dopage est un mal, nous rétorquons qu'au contraire cette pratique, certes répréhensible, est également un acte merveilleux. Car les mots du dopage sont savoureux. Avec ses mots (et son imagination), l'athlète bouscule le rationnel, il réfute les évidences, il crée ou inspire des formules nouvelles.

Un exemple ? « À l'insu de mon plein gré ». Rappelons aux jeunes générations que cette expression irrésistible, qui fut l'œuvre des *Guignols de l'Info*, résumait de façon limpide et lapidaire les dénégations brumeuses du cycliste Virenque empêtré qu'il était dans ses justifications au moment de l'affaire de dopage de l'équipe Festina en 1998. Sans dopage, cette expression passée à la postérité

aurait-elle vu le jour ? Jamais ! C'est dire ce que la langue française doit à l'EPO.

Ne nous vautrons pas cependant dans la facilité en ricanant des énormités prononcées par des champions ! Il ne faut jamais oublier que le sportif de haut niveau évolue dans un monde complexe. Les mensonges à la petite semelle des footballeurs, des cyclistes en roue libre ou ceux, à deux balles, des joueurs et joueuses de tennis s'inscrivent presque toujours dans des parcours intimes et des rêves de grandeur. La quête de la performance, de la gloire ou de la fortune nécessite certes du travail et du talent mais la ruse et la malice font aussi partie du bagage du vainqueur. Et la frontière entre la feinte, autorisée, et la triche, interdite, n'est pas si étanche.

Au-delà de la jubilation que procure la lecture de certaines histoires, ce livre a pour vertu de nous rappeler que l'histoire du sport, c'est aussi une histoire de mensonges… Une « course des miracles » qui raconte en creux l'angoisse de l'échec, la violence de la compétition et même la raison d'État. Elle dit également la détresse et la soif de reconnaissance qui poussent les plus radicaux à devenir des « cornues ambulantes », pour reprendre l'expression du magistrat qui présida le procès Festina, à la merci d'entraîneurs et de médecins peu scrupuleux. La brutalité aussi d'une activité où un centième de seconde, un centimètre, peut faire basculer un destin. Le dopage devient alors l'outil d'une conquête commerciale et politique. « Le dopage n'est pas une dépendance mais un instrument de pouvoir. Celui qui gagne attire l'argent, pour lui-même, son équipe, les sponsors », comme l'avoue le coureur Danilo di Luca. « J'ai menti. J'ai triché. J'ai fait tout ce qu'il fallait pour finir premier*. »

C'est la face obscure de l'exploit sportif, pathétique, tragique. Et comique aussi, quand l'athlète dopé ne trouve rien de mieux que de se payer la fiole du pharmacien et celle de l'opinion.

* *Cycliste infiltré*, City Éditions, 2017.

Sara Errani
Tennis

LE BOUILLON DE MA MÈRE

Contrôlée positive début 2017, la finaliste de Roland-Garros 2012 invoque une erreur culinaire de sa mère pharmacienne.

En cause : le létrozole, un stimulateur hormonal et métabolique appartenant à la famille des stéroïdes qui ont pour effet d'augmenter la masse musculaire.

Devant les membres de la commission qui traitent son cas, l'Italienne reconnaît les faits tout en plaidant la négligence et la faute à pas de chance. Elle se lance : « Ma maman, pour soigner un cancer du sein, utilise quotidiennement un médicament, le Femara, qui contient du létrozole. » D'accord, mais quel rapport entre la maladie de la mère et le dopage de la fille ? « Pour ne pas oublier de prendre son Femara, ma maman place ses pilules à proximité de l'évier de la cuisine avec les papiers et les factures », poursuit Mlle Errani. Avant d'en arriver au cœur de son explication fumante, Sara respire un grand coup : « Pour le repas, ma maman prépare des tortellinis et du bouillon. Soudain, elle fait tomber accidentellement une pilule dans le plat de pâtes, que j'ingurgite à table par inadvertance. » Entendue par la commission, la maman, pharmacienne à mi-temps, confirme les faits et le scénario à rebondissements.

Le hasard et son cortège d'imprévus n'ont pas fait tiquer la Fédération internationale

de tennis. D'autant qu'un test démontre que le médicament peut se dissoudre aussi bien dans la viande que dans le bouillon. Sara Errani, dont le meilleur classement était une cinquième place mondiale en 2013, risque deux à quatre ans de suspension. Elle est finalement condamnée à deux mois. C'est peu, mais c'en est trop ! En dépit de ce malheureux accident de parcours, Sara Errani considère qu'elle n'a rien à se reprocher. « Je n'ai jamais pris de produits interdits dans ma carrière et dans ma vie », écrit-elle dans un communiqué. Elle saisit alors le Tribunal arbitral du sport pour laver son honneur et sa réputation. Mauvaise idée !

☛ VERDICT
Le Tribunal arbitral du sport prolonge la suspension de deux à dix mois.

✌ LA MORALE
À trop charger les pâtes, on prend le bouillon.

Frank Vandenbroucke
Cyclisme

LE CHIEN ASTHMATIQUE

La morphine et le clenbutérol n'étaient pas pour le vainqueur du Liège-Bastogne-Liège mais pour son chien !

27 février 2002, en Belgique, la police arrête un chauffard : « Papiers, s'il vous plaît. » À la grande loterie des contrôles radars, les policiers tombent sur Bernard Sainz, sulfureux personnage du milieu cycliste, surnommé Docteur Mabuse. Ils l'invitent à ouvrir le coffre de son véhicule. Surprise ! Parmi des dizaines de boîtes de médicaments, ils découvrent des corticoïdes, des produits homéopathiques et… 5600 euros. Docteur Mabuse explique qu'il a passé la nuit chez son ami, le coureur belge Frank Vandenbroucke, appelé aussi VDB. Le lendemain, perquisition au domicile de ce cador du peloton, vainqueur de la classique Liège-Bastogne-Liège en 1999. Direction l'armoire à pharmacie. Entre deux cachets d'aspirine et un tube de dentifrice figurent des produits suspects parmi lesquels du clenbutérol et de la morphine. VDB repart avec les menottes. Au poste, il se défend : « Le clenbutérol, c'est pour soigner mon chien, il est asthmatique ! »

Peu porté sur la plaisanterie canine, le procureur inculpe VDB. Erreur judiciaire ! Les tests pratiqués lors de la garde à vue se révèlent négatifs. Il est admis que le clenbutérol a été prescrit pour le chien et la morphine pour soigner un poignet douloureux.

☛ VERDICT
Vandenbroucke est innocenté.

✌ LA MORALE
Quand le chien asthmatique aboie, le clenbutérol passe.

MARIANO PUERTA, À DROITE, FACE À RAFAEL NADAL LORS DE LA FINALE DE ROLAND-GARROS 2005.

Mariano Puerta
Tennis

VERRE OU REVERS ?

L'Argentin avait bu dans le verre de sa femme et ingéré par erreur un produit interdit.

Le chemin de croix du dopé, l'Argentin Mariano Puerta connaît déjà : entre octobre 2003 et juillet 2004, il a été suspendu dix mois pour dopage au clenbutérol.

En 2005, à l'issue de la finale de Roland-Garros disputée face à l'Espagnol Rafael Nadal, il subit un contrôle qui se révèle positif à un stimulant, l'étiléfrine. Cette fois, le tennisman clame son innocence : « Je n'ai rien pris que je n'aurais pas dû prendre. » Après expertise et contre-expertise, une fois que le doute n'est plus permis, Puerta ouvre, non pas son sac à raquettes, mais sa trousse d'excuses en urgence. Il a trouvé la coupable : « C'est à cause de ma femme qui souffre d'hypotension. » Il plaide sa cause : « L'ingestion d'étiléfrine contenue dans un médicament que prenait mon épouse a été purement accidentelle et à mon insu puisque j'ai utilisé son verre sans le savoir. »

☛ VERDICT

Huit ans de suspension pour le récidiviste.

✌ LA MORALE

Un verre ça va, une goutte d'étiléfrine, bonjour les dégâts !

Angelo Peruzzi
Football

MAMMA MIA !

Il ne faut jamais faire confiance à sa mère quand elle vous donne des pilules pour maigrir.

Le 29 septembre 1991, la Fédération de football italienne révèle que deux joueurs de l'AS Rome sont contrôlés positifs à la phentermine, un coupe-faim dérivé des amphétamines inscrit parmi les substances dopantes interdites. Les deux présumés fautifs s'appellent Angelo Peruzzi, gardien de but, et Andrea Carnevale, attaquant.

Les contre-analyses confirment le premier diagnostic, les deux joueurs sont convoqués par la commission de discipline de la Fédération italienne. Ils plaident non coupable. « Ne vous méprenez pas, la phentermine, c'est un accident malheureux, se défend l'angélique Angelo Peruzzi. Au soir d'une victoire un peu arrosée, après un dîner copieux, je me sentais un peu lourd. Le lendemain, il y avait entraînement. Ma mère est passée à la maison et, me voyant préoccupé par mon ventre, elle m'a donné une pilule miracle qui fait maigrir. » Bon camarade, Angelo en a proposé à son copain Andrea. La Fédération italienne n'a pas semblé très convaincue par une défense jugée lourdingue.

☛ VERDICT

Un an de suspension pour les deux joueurs.

✌ LA MORALE

La vérité fond plus vite que le gras.

PARMACOTTO

Tyler Hamilton
Cyclisme

LE JUMEAU FANTÔME

Le sang d'Hamilton aurait été mêlé à celui de son frère mort avant sa naissance.

En 2004, à l'issue d'une victoire d'étape sur le Tour d'Espagne, le cycliste américain Tyler Hamilton passe au contrôle. Il en ressortira avec une accusation de dopage par transfusion sanguine.

Cette sanglante pratique a pour effet d'augmenter instantanément le nombre de globules rouges, transporteurs d'oxygène vers les muscles, ce qui améliore l'endurance.

Grâce aux progrès des techniques de dépistage, le contrôle a permis d'identifier deux populations de globules rouges distinctes dans son sang, accréditant l'hypothèse de la transfusion. Ce genre d'anomalie rarissime ne serait possible, « naturellement », que chez des jumeaux. L'avocat d'Hamilton a l'imagination dans le sang et de la suite dans les idées. Il ose : les cellules sanguines étrangères ne viennent pas d'un inconnu mais seraient celles du frère jumeau du cycliste, mort avant la naissance ! Cette surprenante défense n'a pas convaincu.

☛ VERDICT

Deux ans de suspension. En 2013, Hamilton sort un livre intitulé *La Course secrète*. Il révèle avec force détails comment il s'est dopé tout au long de sa carrière.

✌ LA MORALE

Il est des excuses qui sont fausses à sang pour sang.

Kolo Touré
Football

UN COUPLE FIN

Se servir dans les pilules amincissantes de son épouse n'est pas la meilleure façon de se mettre au régime !

Le 3 mars 2011, la Fédération anglaise annonce la suspension de Kolo Touré car le défenseur ivoirien de Manchester City a été contrôlé positif.

Kolo Touré est un footballeur en pleine santé, chez qui, sous le maillot, le muscle est roi. Pour se maintenir au mieux de sa forme, il a un secret, un produit amincissant. Le Français Arsène Wenger, qui fut son manager à Arsenal pendant huit ans, connaît son Kolo: « Touré veut contrôler son poids car il a quelques problèmes à ce niveau-là. Il lui arrive de prendre des petites pilules qui appartiennent à sa femme. C'est juste une erreur, il n'a pas été prudent. » Ces pilules contiennent une substance interdite par l'Agence mondiale antidopage, mais relèvent de la catégorie des produits « spécifiques » qui peuvent avoir été pris sans intention d'améliorer la performance et donner lieu à des sanctions plus clémentes. Kolo Touré, l'adepte de la chasse au bourrelet, risque jusqu'à deux ans d'exclusion.

VERDICT

Six mois de suspension. Son club de Manchester City lui inflige une amende de 360 000 livres.

LA MORALE

Le coupe-faim ne justifie pas les moyens.

Michael Rasmussen
Cyclisme

CHICKEN RUN

Pendant des années, le Danois Michael Rasmussen, surnommé Chicken en raison de ses fines jambes, n'y est pas allé avec le dos de la seringue.

Dans son autobiographie *Fièvre jaune**, parue en 2013, il raconte l'EPO, les manipulations sanguines et même l'injection d'hémoglobine synthétique destinée aux chiens ! Il revient aussi sur son Tour de France 2007. Aussi chargé qu'un poulet aux hormones, Chicken s'empare du maillot jaune, domine la course de manière insolente avant d'être exclu par sa propre équipe. Que s'est-il passé ?

Tout sportif de haut niveau doit communiquer ses lieux d'entraînement afin de pouvoir être contrôlé à n'importe quel moment. Or, Chicken a menti sur son emploi du temps d'avant-Tour. Pas de chance, un ancien coureur l'a reconnu sur le sol italien. « Je voulais faire croire à ma femme que je m'entraînais au Mexique alors que j'étais avec ma maîtresse en Italie », se défend-il. C'est la troisième fois que le coureur échappe aux contrôleurs de cette façon. Son directeur sportif le renvoie. Chicken quitte le Tour en jaune et en catimini.

* Non publiée en France.

VERDICT
Deux ans de suspension pour défaut de localisation.
LA MORALE
Poulet grillé, poulet viré !
1 PIÈCE
85,20€

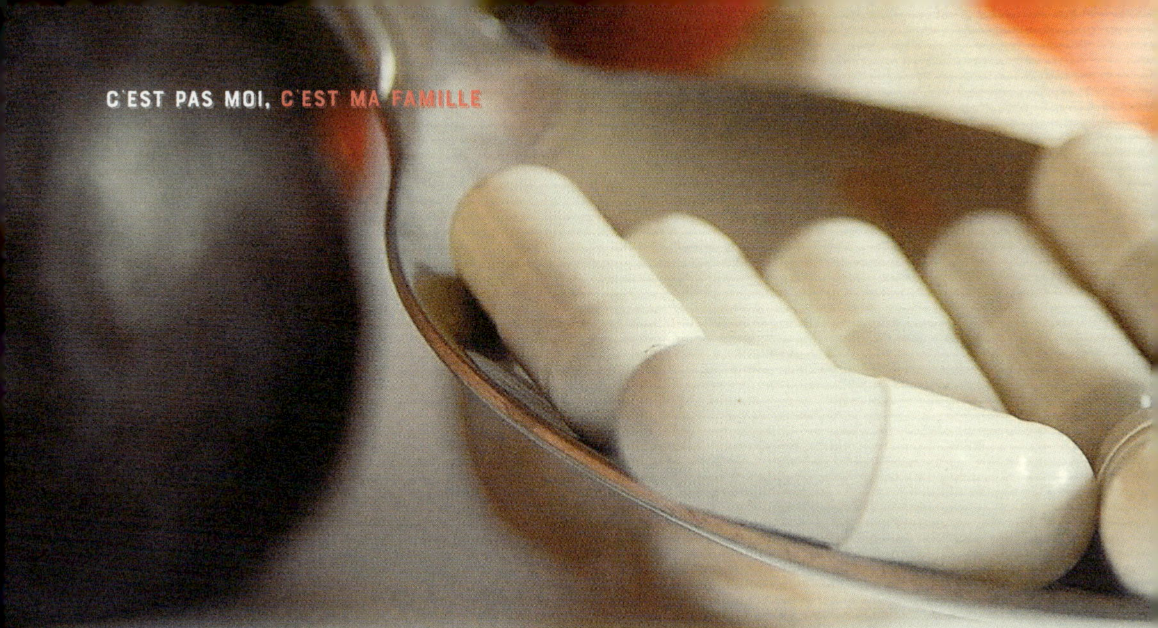

Michael Bresciani
Cyclisme

LA MAMMA MALADROITE

Encore une maman qui fait tomber des médicaments dans l'assiette de son fils.

L'histoire du coureur italien Michael Bresciani, c'est le roman d'un jeune homme un peu trop pressé.

À peine sorti des rangs amateurs, Bresciani se fait prendre dès sa première course, à l'occasion du championnat d'Italie qu'il n'a même pas terminé. Et dire qu'il a été recruté par une équipe professionnelle qui manque d'effectifs après l'exclusion de deux coureurs pour dopage ! En juin 2017, Michael Bresciani est contrôlé positif à un diurétique pouvant être considéré comme un agent masquant, le furosémide. Le coureur a prétexté une intoxication alimentaire due à la malchance : « Ma mère [prend] du Lasix [un diurétique] aux repas. En divisant le cachet, elle a dû en faire tomber une partie dans mon assiette. » L'excuse ressemble à s'y méprendre à celle de la joueuse de tennis Sara Errani (voir p. 8), dont la savoureuse explication a valu à l'Italienne une toute petite suspension. Bresciani, qui croit aux bienfaits de la cuisine italienne et à la maladresse de sa maman, tente de se rassurer et déclare : « Je ne pense pas être puni pour autre chose que de la négligence. »

VERDICT

Bresciani est (petitement) suspendu deux mois par l'Union cycliste internationale.

LA MORALE

Le fond de l'affaire est parfois au fond de l'assiette.

Ludmila Narozhilenko
Athlétisme

LE MYSTÈRE DE LA MÈRE MORTE

L'athlète aurait été dopée alors qu'elle s'était évanouie suite au décès de sa mère.

Ludmila Narozhilenko, athlète d'origine russe, est spécialiste du 100 mètres haies. Ça tombe bien, sa vie ressemble à une course d'obstacles.

En février 1993, elle se fait attraper pour usage de stéroïdes lors du meeting de Liévin. Elle explique : à l'hôpital où elle s'est évanouie après le décès de sa mère, on lui a administré des médicaments à son insu. Cette histoire triste et romanesque n'a pas ému la Fédération internationale d'athlétisme qui lui inflige quatre ans de suspension. Avant de réduire de moitié cette sévère sanction.

Aux Jeux d'Atlanta en 1996, devenue Mme Engquist – elle a quitté son mari, sa patrie, pour épouser un homme d'affaires suédois dont elle a pris la nationalité –, elle remporte l'or sur 100 mètres haies et devient la première athlète de son tout nouveau pays à décrocher un titre olympique.

En 1999, après quelques semaines de chimiothérapie pour soigner un cancer du sein, elle fait son retour aux championnats du monde de Séville où elle décroche la médaille de bronze.

Mais en 2002, alors qu'elle tente une reconversion dans le bobsleigh, elle est de nouveau contrôlée positive aux stéroïdes anabolisants. Le coup de la mère morte ayant déjà servi, elle n'a trouvé, cette fois, aucune excuse.

VERDICT Deux ans de suspension. **LA MORALE** Trop de mensonges tuent la vérité.

Jeannie Longo
Cyclisme

LE MARI FAISAIT AUSSI LES COURSES

Jeannie Longo a eu une longévité cycliste exceptionnelle et un mari qui s'est accusé d'avoir acheté de l'EPO pour son usage personnel.

1278 victoires, 1 titre de championne olympique, 13 titres de championne du monde, 59 titres de championne de France, sans parler des records mondiaux, des podiums et du reste. Et, à l'âge de 56 ans, elle courait encore chez les professionnelles.

Mais en 2012, l'époux de Mme Longo, Patrice Ciprelli, est dans les ennuis. Précisons que le mari attentionné est l'entraîneur de sa femme. Les gendarmes l'accusent d'avoir acheté une trentaine de boîtes d'EPO, considéré comme un produit dopant. Le mari reconnaît l'achat mais pour son usage personnel uniquement. Des fois qu'on imagine que l'EPO était destiné à sa femme, son avocat explique : « Il a fait l'objet d'accidents de vélo répétés ces dernières années », et il ajoute : « L'EPO est un reconstituant musculaire. » Selon un spécialiste, l'EPO n'a aucun pouvoir de cicatrisation, et il existe des produits plus appropriés pour reconstituer des muscles, à commencer par les anabolisants. Patrice Ciprelli-Longo est accusé d'importation de produits illicites. Il garde le silence mais Jeannie est en pétard : « C'est un coup monté. À travers mon mari, c'est moi qui étais visée. »

☛ VERDICT

Un an de prison avec sursis pour le mari blessé.

✌ LA MORALE

Pour aller au rayon pharmacie,
on va plus vite en tandem.

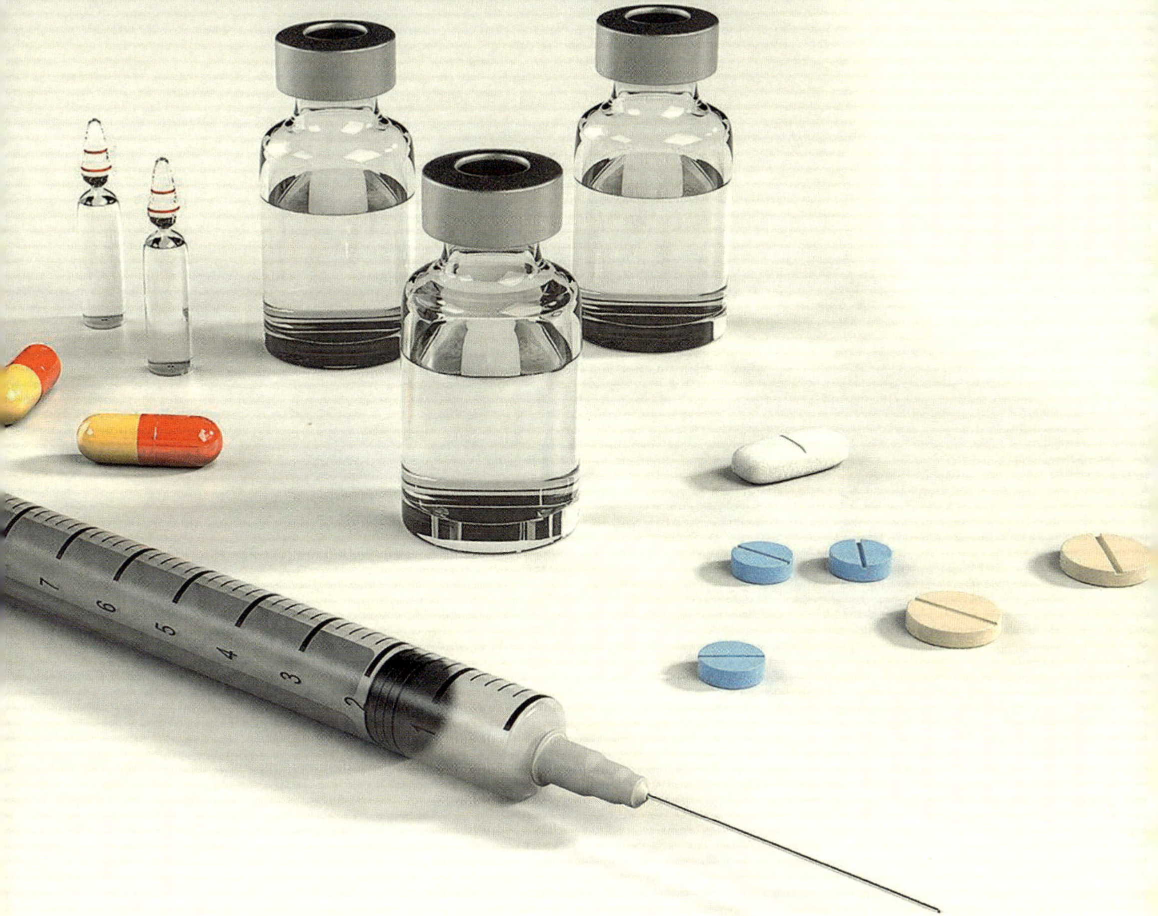

☛ VERDICT

Le couple est condamné à quatre ans de prison avec sursis. La belle-mère est blanchie.

✌ LA MORALE

« On ne soigne pas tous les malades avec les mêmes remèdes. » (Proverbe latin.)

Raimondas Rumsas
Cyclisme

MA BELLE-MÈRE SUR LE PODIUM

Rumsas le jure : la pharmacie ambulante, c'était pour sa belle-mère, pas pour lui !

Le 28 juillet 2002 à Paris, le cycliste lituanien Raimondas Rumsas occupe la troisième place sur le podium du Tour de France. Il signe alors la plus belle performance de sa carrière.

Le jour même, sa femme est interpellée par la douane française à l'entrée du tunnel du Mont-Blanc alors qu'elle fait route vers l'Italie. En ouvrant le coffre, les douaniers n'en croient pas leurs yeux : EPO, hormones de croissance, anabolisants, corticoïdes et un lot de seringues. Au total, 36 produits, la plupart considérés comme dopants. Ça n'est plus une voiture, c'est une pharmacie ambulante. L'épouse reconnaît qu'elle suivait Raimondas sur la Grande Boucle depuis dix jours. Elle est arrêtée sur-le-champ et fera soixante-quinze jours de détention préventive.

Son mari vole à son secours. Enfin, il essaie : « Je n'ai jamais rien pris, mon Tour est propre. Ces médicaments étaient destinés à ma belle-mère qui est malade ! » Une longue procédure judiciaire s'engage. Elle débouche, en 2006, sur une accusation d'« importation illicite de médicaments pouvant être utilisés comme dopants ».

Gilberto Simoni
Cyclisme

LES BONBONS DE LA TANTE

Simoni n'aurait pas dû manger les bonbons à la coca offerts par sa tante de retour du Pérou.

En avril et en mai 2002, deux contrôles antidopage révèlent des traces de cocaïne dans les urines du coureur italien Gilberto Simoni. Deux affaires bien étranges qui frappent le vainqueur du Tour d'Italie 2001.

Dans le premier cas, son directeur sportif est formel: « Il s'agit d'un accident. Gilberto n'a jamais fait usage de cocaïne. Il suivait simplement un traitement chez le dentiste. » Judicieuse justification. En effet, la cocaïne peut être utilisée comme anesthésique local. De là à faire de Gilberto un innocent ? Faut voir. Dans la deuxième affaire, les dénégations frôlent le règlement de comptes familial. Gilberto prétend qu'il a mangé des bonbons aromatisés à la cocaïne, offerts par sa tante au retour d'un voyage au Pérou. Plaisir d'offrir. Joie de décevoir.

Les instances antidopage enquêtent et confrontent les témoignages de toutes les parties concernées. Au final, il apparaît que le dentiste de Gilberto lui a bien injecté un produit contenant de la cocaïne pour soulager la douleur. D'autre part, il est admis que les bonbons péruviens de la tatie contenaient des résidus de coca.

VERDICT Gilberto est innocenté. **LA MORALE** La liberté ne suce (des bonbons) que si l'on s'en sert.

ADRIAN MUTU, À DROITE,
À LA LUTTE AVEC
LE LYONNAIS
JÉRÉMY TOULALAN.

Adrian Mutu
Football

PILULES À MÈRE

Adrian Mutu, l'attaquant roumain de la Fiorentina, a la malchance d'avoir une maman qui surveille sa ligne.

En janvier 2010, à deux reprises en l'espace de quinze jours, il est contrôlé positif à la sibutramine. Ce coupe-faim permet d'augmenter l'agressivité en compétition.

Interviewée par une chaîne de télévision roumaine, sa mère révèle qu'elle prend des comprimés de sibutramine pour maigrir et affirme qu'elle a sans doute oublié quelques-uns de ses médicaments en Italie. « Lorsque j'ai rendu visite à mon fils, peut-être en a-t-il pris par curiosité car je me vantais d'avoir maigri. » S'il ne s'agissait pas de kilos à perdre, les mauvaises langues diraient : « C'est un peu gros. »

En plus d'une mère qui pense à son fiston, Adrian a un copain footballeur sur qui compter : « Il est obsédé par sa silhouette, explique ce dernier. Je sais qu'il prenait tout le temps des comprimés pour maigrir. Cette fois il a dû tomber sur la mauvaise pilule. Je ne crois pas que c'était un truc voulu. »

Mutu est un incompris. En 2004, testé positif à la cocaïne, il avait expliqué qu'il ne cherchait pas à améliorer ses performances sportives mais à sublimer ses capacités sexuelles.

VERDICT
Les comprimés amincissants lui ont valu neuf mois de suspension.

LA MORALE
Une maman au régime est parfois mère du dopage.

Daniel Plaza
Athlétisme

KAMA-SUTRA

C'est en ayant des relations intimes avec sa femme que Plaza aurait ingéré de la nandrolone.

Le 28 juin 1996, le marcheur espagnol Daniel Plaza est contrôlé positif à la nandrolone, un stéroïde anabolisant qui, tout en renforçant la musculature de l'athlète, permet d'augmenter sa capacité d'entraînement.

Daniel est un grand d'Espagne. En remportant le 20 kilomètres aux Jeux de Barcelone en 1992, il devient le premier champion olympique de l'athlétisme espagnol.

Dopé, Daniel Plaza ? Il ne comprend pas : « Si ça se trouve, c'est la faute à la viande contaminée que j'ai mangée ! » Un scientifique rétorque que, si l'on tient compte des quantités d'anabolisants retrouvées chez Plaza, il a dû avaler une vache entière. Et encore, sans la cuire !

Daniel Plaza propose alors une autre excuse, de celles qui convoquent les jeux de l'amour et du hasard. Au prétexte qu'une femme enceinte produit naturellement de la nandrolone, Daniel plaide que, en faisant un cunnilingus prolongé à sa compagne qui attend un enfant, il a dû ingérer une petite quantité de stéroïdes par voie orale. En octobre 1997, le mari est condamné à deux ans de suspension. Mais il ne lâche pas le morceau. Il multiplie les procédures et les recours.

☛ VERDICT
En 2006, il est innocenté ! Son nom est effacé de la liste des athlètes dopés.

✌ LA MORALE
Où il y a du dopage, il y a de la gêne et parfois du plaisir.

Ophélie Claude-Boxberger
Athlétisme

LES FEUX DE L'AMOUR ET DU BAZAR

Dans cette rocambolesque histoire, on trouve un médecin amoureux, un entraîneur jaloux, une maman mystérieuse et une jeune femme de 31 ans dopée à son insu.

Le 19 novembre 2019, Ophélie-Claude Boxberger – fille de la légende du demi-fond des années 1970, Jacky Boxberger – apprend qu'elle a été contrôlée positive à l'EPO. Plusieurs fois championne de France du 1500 et du 3000 mètres steeple, l'athlète tombe de haut : quelques mois plus tôt, elle posait fièrement devant les photographes en brandissant une pancarte *We Run Clean* (« Nous courons propre »). L'Agence française de lutte contre le dopage se saisit du dossier mais également la justice : une enquête préliminaire est ouverte par le parquet de Paris.

Dix jours plus tard, ce sont donc des gendarmes qui interrogent la sportive et la confrontent à son entraîneur, un certain Alain Flaccus. Et là, coup de théâtre à Montbéliard : Flaccus affirme qu'il a injecté de l'EPO à son élève lors d'un massage, sans qu'elle s'en aperçoive ! La scène se serait déroulée à Font-Romeu, au cours d'un stage en altitude avant les championnats du monde d'athlétisme. Il aurait profité de l'assoupissement de la jeune femme pour lui injecter l'une des deux ampoules d'EPO qu'il aurait achetées un peu plus

tôt sur un parking de la station pyrénéenne. Claude-Boxberger, assommée par les anxiolytiques qu'elle dit consommer, se souvient avoir ressenti un « pincement ». Flaccus utilisait une machine à masser.

Mais quelle mouche a piqué Alain Flaccus ? La jalousie, affirme l'homme de 72 ans ! Flaccus ne supportait pas la liaison d'Ophélie Claude-Boxberger avec le médecin de la Fédération française d'athlétisme, Jean-Michel Serra, 53 ans. Il avoue aux enquêteurs qu'il espérait qu'un contrôle positif de sa fiancée incriminerait le docteur amoureux. Un médecin qui avait récemment demandé aux autorités antidopage de lever le pied sur les contrôles à l'égard de sa dulcinée en raison de ses « fragilités psychologiques ».

Alain Flaccus s'est-il sacrifié pour sauver son soldat tombé au front du dopage ? C'est une question pertinente lorsqu'on découvre qu'Alain Flaccus est le compagnon de la mère d'Ophélie, son beau-père en somme. Et la jeune femme de révéler avoir été victime d'attouchements de sa part lorsqu'elle était (encore) plus jeune. Après s'en être éloignée, elle l'aurait repris comme entraîneur, à la demande de sa

maman. Dans ce bouillon de performances, de sentiments et de vengeance, Ophélie Claude-Boxberger clame son innocence et regrette sa naïveté.

Mais un nouveau rebondissement a relancé l'affaire à l'été 2020 : Flaccus, poursuivi pour empoisonnement devant le tribunal de Montbéliard, dément l'injection après avoir avoué en garde à vue.

VERDICT

Le Conseil d'État a rejeté sa demande d'annulation.
Actuellement suspendue à titre provisoire, elle attend la décision de l'Agence française de lutte contre le dopage. Elle risque quatre ans de suspension.

LA MORALE

Vous avez un nouveau massage.

Alberto Contador
Cyclisme

LE STEAK CONTADOR

Le vainqueur du Tour aurait dû faire confiance à la viande française.

Le 25 juillet 2010, le coureur espagnol Alberto Contador remporte son troisième Tour de France. L'apothéose d'une carrière ! Deux mois plus tard, la honte frappe à son palmarès. Celui que l'on surnomme Le Pistolero est suspendu par l'Union cycliste internationale en raison d'un contrôle positif au clenbutérol effectué pendant l'épreuve.

Le clenbutérol est bien connu des vétérinaires et des éleveurs. À haute dose, cet anabolisant permet d'augmenter la masse musculaire des animaux et donc la production de viande. D'où son détournement par des éleveurs peu scrupuleux ou par des sportifs en mal de performances.

Face aux enquêteurs, Contador passe à table et la Grande Boucle se met à la Grande Bouffe : le 21 juillet, alors que le Tour fait relâche à Pau, il demande à un copain d'aller acheter de la viande en Espagne car il n'est pas satisfait de la qualité de la barbaque française. C'est son droit. Le copain fait donc route jusqu'à Irun pour acheter un steak, revient à Pau, le fait cuire et l'apporte à Contador. « J'ai simplement mangé un steak ! Malheureusement, il était contaminé... » Les traces retrouvées dans l'organisme de Contador sont infinitésimales et rendent plausibles une contamination accidentelle. D'autant que des cas similaires ont été recensés, depuis vingt ans, en Chine, en Espagne, aux États-Unis et au Mexique.

L'excuse de l'intoxication alimentaire passe mal auprès des producteurs espagnols de viande bovine qui attaquent Contador devant les tribunaux. Quant à M. Zabaleta,

le boucher incriminé, il en a gros sur l'estomac quand des clients commandent « Un steak Contador, s'il vous plaît ». Sans parler des enquêteurs de l'Agence mondiale antidopage qui débarquent pour tester la viande. Une bien mauvaise publicité.

Le 26 janvier 2011, Contador écope d'un an de suspension. Il est déchu de son titre de vainqueur du Tour de France 2010. « Une des plus grandes injustices de l'histoire du sport », déplore-t-il. Trois semaines plus tard, retournement de situation, il est blanchi par la Fédération espagnole qui juge que la faible quantité de clenbutérol n'a pas pu avoir d'effet dopant. Contador est aux anges : « Le plus important pour moi, c'était que justice soit faite. » Il reprend sa carrière de coureur. L'histoire n'est pas close pour autant.

VERDICT

En février 2012, après quinze mois de procédure, le Tribunal arbitral du sport innocente M. Zabaleta et sa viande. Contador est condamné à une peine rétroactive de deux ans. Il fera son retour à la compétition le 5 août 2012.

LA MORALE

L'alibi est dans l'aloyau.

Adrie van der Poel
Cyclisme

UN PRODUIT VOLATILE

C'est le pigeon qui était dopé !

En France, le Néerlandais Adrie van der Poel est surtout connu pour avoir épousé la fille de Raymond Poulidor.

Pourtant, sa carrière de cycliste professionnel est brillante, totalisant, entre 1981 et 2000, plus de 100 victoires, comme le Tour de Flandres, Liège-Bastogne-Liège ou l'Amstel Gold Race.

En mai 1983, après avoir remporté le Grand Prix de Francfort, le gendre de Poupou est contrôlé positif à la strychnine. Le bruit a couru que son beau-père lui aurait servi pour le déjeuner du dimanche une tourte au pigeon, le volatile ayant été drogué à ce stimulant. Sauf que cette savoureuse mais abracadabrante explication ne tient pas la route. À l'époque, Adrie ne connaissait pas encore la fille de Poupou. Faut pas prendre Poulidor pour un pigeon ! Alors que la chasse au dopage n'est pas encore très active, Van der Poel s'en tire sans condamnation.

En 1984, cependant, il se fait prendre à l'éphédrine lors d'une course italienne. Cette fois, ni pigeon, ni poisson, ni Poupou. Il déclare : « Je ne suis pas fou : je n'ai pas pris d'éphédrine, on me l'a fait absorber à mon insu, c'est sûr. » Puis il incrimine un médicament contre le rhume.

En 2013, un ancien soigneur révèle que 7 des 8 coureurs de l'équipe PDM engagés sur le Tour de France en 1988 utilisaient des substances interdites. Parmi les fautifs, le nom de van der Poel est cité.

☛ **VERDICT**

Dans l'affaire de l'éphédrine, van der Poel est suspendu trois mois.

✌ **LA MORALE**

On croira Adrie quand les (van der) Poel auront des dents.

Rudi van Houts
VTT

IL NE FALLAIT PAS MANGER ÉPICÉ

Un stage au Mexique aurait pu coûter cher au coureur néerlandais.

En octobre 2010, le vététiste néerlandais Rudi van Houts est testé positif au clenbutérol lors d'un contrôle effectué hors compétition.

Prescrit à l'origine pour les affections broncho-pulmonaires chez le cheval de course, le clenbutérol est surtout connu des sportifs pour sa propriété à brûler les graisses et son effet anabolisant.

Depuis que des traces de clenbutérol ont été détectées dans l'organisme d'Alberto Contador pendant le Tour de France, ce produit fait débat. Contador a plaidé la contamination alimentaire. Van Houts prépare sa ligne de défense dans la même assiette. D'autant que la dose de clenbutérol décelée chez lui est encore plus infime que pour l'Espagnol.

« Je suis allé en stage au Mexique et j'ai mangé beaucoup de viande. Il se pourrait que l'origine du clenbutérol se trouve là. Je ne vois pas comment un tel produit a pu se retrouver dans mon corps. » Van Houts n'a pas lancé son excuse au hasard. Le Mexique est l'un des pays au monde où se pose le problème de la viande contaminée en

raison de méthodes d'élevage qui recourent massivement aux anabolisants. La Fédération néerlandaise enquête et son responsable antidopage en arrive à la conclusion suivante : « Nous avons vu qu'il y avait une violation mais van Houts ne peut pas être jugé responsable. »

☛ VERDICT

Pas de sanction.

✌ LA MORALE

Qui mange un bœuf (mexicain) évite de tomber sur un os.

David Martinez
Athlétisme

DU PORC DE HAUT NIVEAU

L'affaire du cochon contaminé !

En mai 1997, l'Espagnol David Martinez, neuvième de l'épreuve du lancer du disque aux Jeux de Barcelone et recordman d'Espagne, dispute le meeting de Halle en Allemagne.

Pas de bol, le nom du discobole est tiré au sort par la Fédération allemande d'athlétisme pour passer au contrôle antidopage. Quelques jours plus tard, il apprend que des traces de nandrolone ont été détectées dans ses urines. Malgré ses épaules de déménageur et ses 100 kilos sur la bascule, le colosse s'effondre. « C'est comme si le ciel me tombait sur la tête. Je n'ai rien pris, rien avalé. Je surveille toujours ma nourriture et je ne suis aucun traitement particulier. C'est à peine si j'ai quelques vitamines dans ma trousse de voyage. »

Tout bien réfléchi, el señor Martinez est persuadé d'être victime d'une intoxication alimentaire, probablement due au porc qui contenait des anabolisants. Pour démontrer son innocence, le discobole a acheté un cochon qu'il a engraissé à la nandrolone. Il a proposé de le manger puis de refaire des analyses qui prouveraient qu'il est positif. Aucun laboratoire n'a voulu se prêter au jeu du cochon contaminé.

Adieu veau, vache, cochon et innocence : la Fédération espagnole condamne David Martinez.

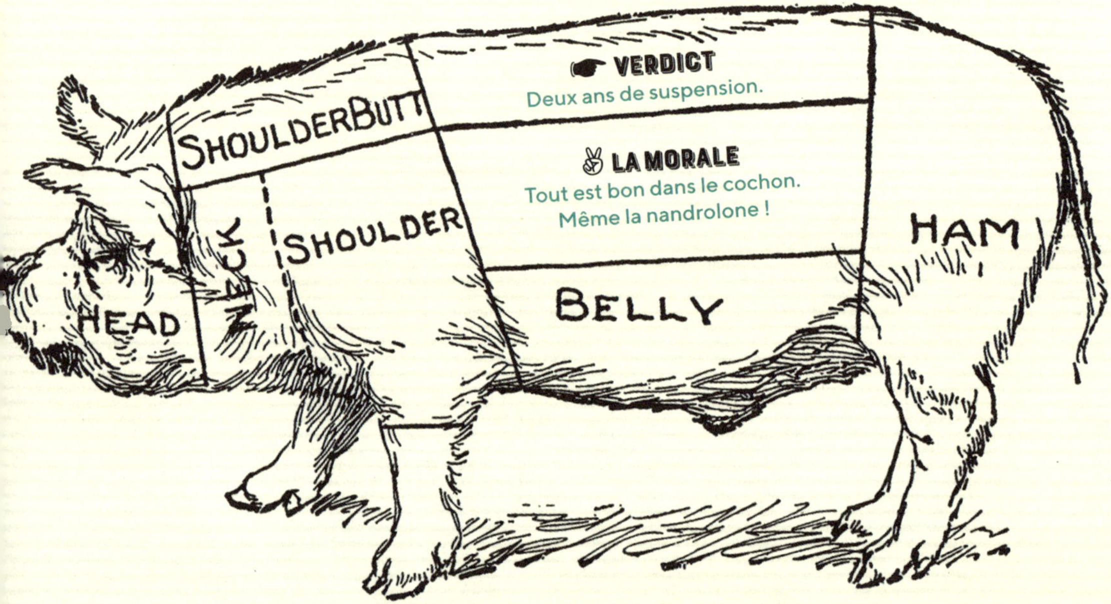

VERDICT
Deux ans de suspension.

LA MORALE
Tout est bon dans le cochon.
Même la nandrolone !

VERDICT
Passible d'une suspension de deux ans, Dimitrij Ovtcharov est innocenté.

LA MORALE
Si un athlète mange de la viande contaminée, il est positif, mais si un animal mange un sportif dopé, il peut l'être aussi (d'après un proverbe chinois).

Dimitrij Ovtcharov
Tennis de table

CHINOISERIE ALIMENTAIRE

Quand les porcs sont dopés, il ne faut pas en manger.

Le 23 août 2009, le doigt du contrôleur appuie sur la sonnette. Driiing ! L'Allemand d'origine ukrainienne Dimitrij Ovtcharov, médaillé d'argent aux Jeux de Pékin et quadruple champion d'Europe par équipes, ouvre la porte de son domicile. « Bonjour, monsieur, c'est pour un contrôle antidopage inopiné. »

Un mois plus tard, Dimitrij Ovtcharov reçoit le résultat des analyses : il est positif au clenbutérol, un médicament à usage vétérinaire détourné comme dopant.

Dimitrij Ovtcharov réagit dans un communiqué : « Je jure que je n'ai jamais pris dans ma carrière une substance prohibée. » À toutes fins utiles, il précise qu'avant d'être contrôlé il a participé à l'Open de Chine. Puis il lâche le morceau. En l'occurrence le morceau de viande contaminé. Il prétend qu'il est victime d'une intoxication alimentaire.

Son excuse a le mérite du vraisemblable car la Chine n'hésite pas à nourrir les porcs aux anabolisants pour réduire leur proportion de gras. La Fédération allemande de tennis de table mène une enquête minutieuse pendant une année.

Équipe PDM
Cyclisme

ELLE COURT, LA MALADIE DU TOUR

Virus, intoxication alimentaire, salmonelle ou EPO ?

La formation néerlandaise est l'un des poids lourds du peloton de 1986 à 1992. Avec Pedro Delgado et Steven Rooks, elle a décroché deux podiums sur le Tour de France et deux victoires par équipe. Mais ce qui l'a rendue tristement célèbre, c'est un mystérieux abandon collectif.

Le jour de la 10e étape du Tour 91, c'est l'hécatombe. Aux premières heures de ce 14 juillet, deux coureurs de la PDM jettent l'éponge à Rennes, l'un reste au lit, l'autre signe la feuille d'engagement et retourne se coucher. Pour les sept qui s'élancent, les routes bretonnes tournent au calvaire : dès la première accélération du peloton, van Poppel et Earley sont lâchés et abandonnent. Folden termine hors délai et les quatre derniers qui atteignent Quimper sont terrassés par la fièvre. Fin du Tour pour les PDM, début des railleries. Car, pour se justifier, les dirigeants de l'écurie néerlandaise vont déployer des trésors d'imagination. Ils incriminent d'abord la ventilation de leur hôtel qui aurait propagé un virus ravageur, puis une intoxication alimentaire due à un poisson pas frais. Drôle de hasard, les entraîneurs, soignants et mécanos sont épargnés… Le directeur sportif change donc de version le

lendemain : en fait, ce serait une bactérie. Dix jours plus tard, il cible les bidons des coureurs potentiellement contaminés à la salmonelle. La thèse retenue, et acceptée par les dirigeants du Tour et du cyclisme international, sera celle d'une intoxication due à l'injection d'un produit mal conservé mais, quelle chance, autorisé par le règlement.

D'autres défaillances collectives ont émaillé l'histoire du vélo, notamment la gastro des Once en 1996 ou le virus des Fassa- Bortolo en 2003. Mais c'est aux Néerlandais que l'on doit l'invention d'une nouvelle pathologie, la « PDMite aiguë », un genre de maladie professionnelle du coursier. Car selon les spécialistes, l'affaire de 1991 résulterait du mauvais usage d'une hormone, synthétisée peu de temps auparavant par un laboratoire américain : l'érythropoïétine, souvent nommée EPO.

VERDICT

Néant.

LA MORALE

Les pionniers seront les derniers.

Duane Brown
Football américain

LE VOYAGEUR AFFAMÉ

Il y avait stéroïde sous hamburger.

À son poste de bloqueur (« offensive tackle »), il faut pouvoir stopper net un joueur d'un quintal lancé à vive allure.

Duane Brown est bien équipé pour l'exercice avec ses 140 kilos et son mètre quatre-vingt-seize. Selon lui, c'est juste une question d'alimentation.

Avec sa compagne, Brown était parti profiter de quelques jours de répit durant la saison 2016 de National Football League (NFL) pour visiter le Mexique. Mais, à son retour, le joueur des Texans de Houston est contrôlé positif au clenbutérol, un stéroïde anabolisant bien connu. Condamné en première instance, le gaillard avance une justification assez répandue dans le monde du sport, la contamination de la viande. Dans son cas, celle qu'il a consommée lors de son séjour mexicain : 10 hamburgers et 2 steaks pour une semaine de villégiature. Bien qu'il ait déjà été suspendu pour 4 matchs six ans auparavant, Brown parvient à convaincre le jury d'appel. La NFL publie même un avertissement destiné à tous les joueurs : « Nous savons que certaines viandes produites en Chine et au Mexique peuvent être contaminées au clenbutérol. Si vous en consommez lors de vos déplacements, ce sera désormais à vos risques et périls.

☛ VERDICT
Suspension de 10 matchs annulée en appel.

✌ LA MORALE
D'un pays à l'autre la viande a varié,
pas les excuses.

Saul Alvarez
Boxe

QUEL VIANDARD !

Au lieu de risquer de passer au détecteur de mensonges, le boxeur mexicain aurait surtout dû éviter les stéroïdes, dans la viande. Ou pas.

Les Mexicains ne l'appellent que par son surnom : Canelo, référence à sa chevelure rousse.

Le combattant aux 53 victoires est une idole totale dans un pays où l'on vénère la boxe… et la viande aux hormones.

Poids super-welters, moyens, super-moyens, ou mi-lourds (de 66 à 79 kilos), Alvarez empile les combats et les ceintures mondiales depuis presque dix ans. Il ne compte qu'une seule défaite, contre la légende Floyd Mayweather Jr. Mais, en mars 2018, Canelo encaisse un sévère direct à l'estomac : contrôle positif au clenbutérol, le fameux stéroïde anabolisant à usage vétérinaire… à l'origine. Son promoteur incrimine sans tarder la viande mexicaine notoirement traitée avec cette substance. Alvarez dément la triche en arguant de précédents contrôles négatifs. Gennady Golovkin, qu'il devait affronter deux mois plus tard, n'y croit pas : « Avec de la viande mexicaine ? […] Canelo est en train de tricher. [Son équipe] utilise ces produits, et tout le monde essaie juste de prétendre que ce n'est pas le cas. »

Le boxeur kazakh recommande aussi de passer son adversaire au détecteur de mensonges. Option non retenue. Pour prouver sa bonne foi et éviter les menus mexicains, Canelo transfère son camp d'entraînement aux États-Unis et se plie à un strict suivi antidopage. Sa collaboration lui vaudra une sanction plus clémente.

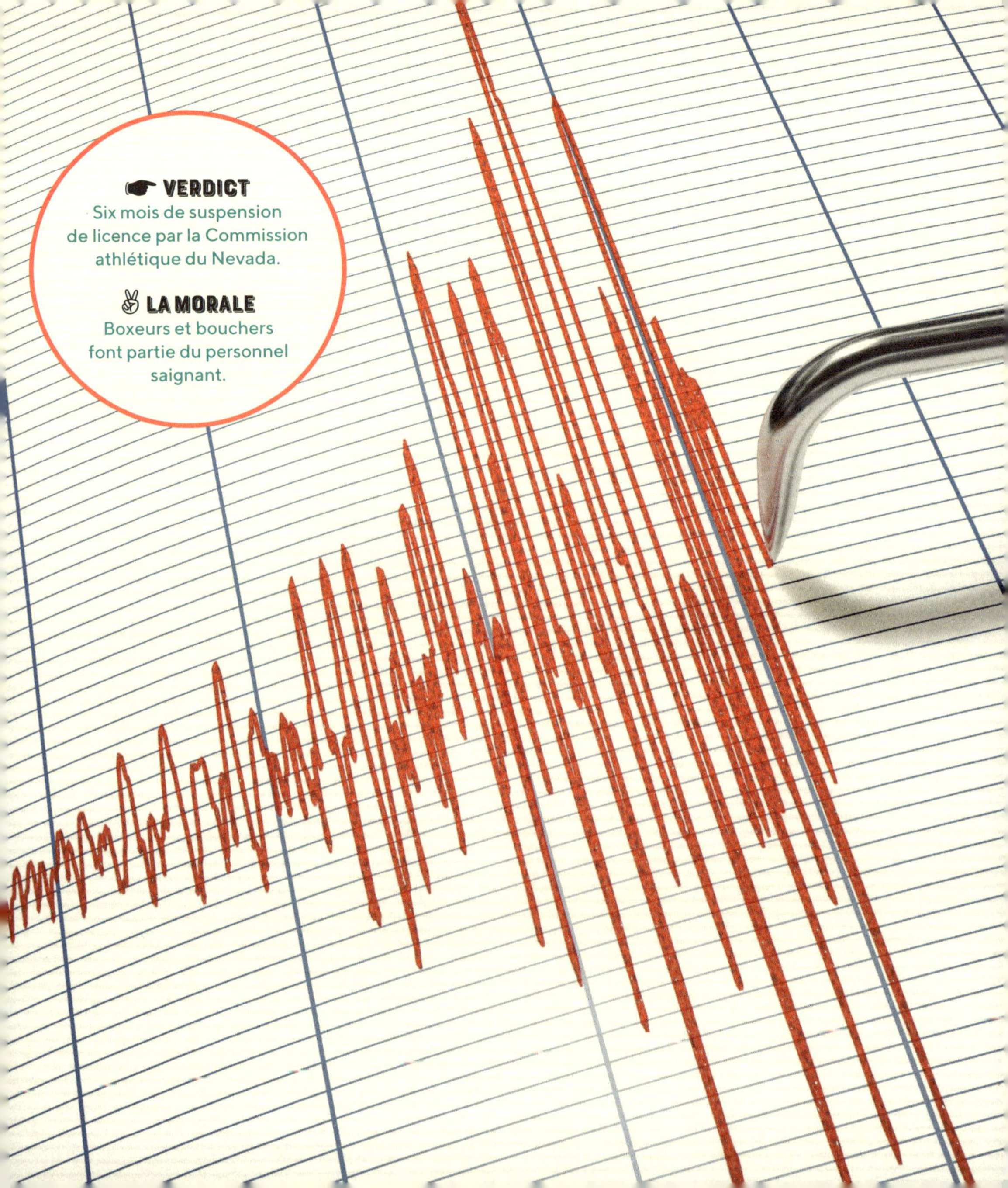

☛ VERDICT
Six mois de suspension de licence par la Commission athlétique du Nevada.

✌ LA MORALE
Boxeurs et bouchers font partie du personnel saignant.

Petr Korda
Tennis

40 VEAUX PAR JOUR PENDANT 20 ANS !

Avec son visage d'aigle et son physique filiforme (1,90 m, 72 kilos), le joueur tchèque est le premier cas de dopage aux stéroïdes de l'histoire du tennis.

L'un des plus médiatiques aussi, surtout après les drôles d'explications alimentaires qu'il a avancées. 1998 s'annonce comme sa meilleure année. À 30 ans, Petr Korda remporte en janvier l'Open d'Australie, son premier (et dernier) titre du Grand Chelem. Victoire écrasante en finale contre le Chilien Marcelo Rios. Il monte au deuxième rang mondial mais redescend brutalement : à Wimbledon, il est contrôlé positif à la nandrolone, un stéroïde anabolisant.

Ce gaucher élégant avait atteint la finale de Roland-Garros en 1992 après avoir battu Henri Leconte (il s'inclinera face à Jim Courier). Souvent blessé au cours de sa carrière, il était un client idéal pour l'usage de la nandrolone dont les effets connus sont : confiance en soi, amélioration des capacités d'entraînement, recul du seuil de la fatigue, stimulation de la volonté et de l'agressivité...

Mais Petr Korda réfute toute volonté de tricher. La preuve : son contrôle de janvier après la finale de Melbourne était négatif ! Et pour expliquer la présence des stéroïdes dans ses urines, il renvoie sur sa consommation de veau... aux hormones. Dans un

premier temps, l'argument satisfait la commission d'appel indépendante chargée du dossier. Korda n'est pas suspendu mais doit rembourser ses gains de Wimbledon (530 000 euros pour un quart de finale perdu face à Tim Henman) et perd les points ATP glanés sur le gazon anglais.

Mais cette relative clémence transforme Korda en mouton noir du circuit. À l'Open d'Australie 1999, journalistes et joueurs ne parlent que de lui. Son adversaire du premier tour, l'Espagnol Galo Blanco, refuse même de le saluer à l'issue du match : « Je ne serre pas la main aux tricheurs », lâche-t-il. Malaise. La Fédération internationale de tennis décide donc de faire appel devant le Tribunal arbitral du sport.

Et les analyses produites par les scientifiques pulvérisent la défense du Tchèque : pour obtenir les doses de stéroïdes relevées dans l'organisme de Korda, il aurait fallu qu'il consomme 40 veaux aux hormones par jour pendant vingt ans ! Le géant pragois prend donc sa retraite et passe à ses enfants le flambeau du sport de haut niveau. Ses deux filles sont golfeuses professionnelles et son fils a remporté l'Open d'Australie junior en 2018, vingt ans après son père.

PETR KORDA, À DROITE, AU CÔTÉ DE HENRI LECONTE LORS DE LA DEMI-FINALE DE ROLAND GARROS 1992.

VERDICT Un an de suspension. **LA MORALE** L'appétit vient en mentant.

Floyd Landis
Cyclisme

UN ADJOINT, DEUX BIÈRES ET QUATRE WHISKIES

Il pourrait être le héros du roman moderne du dopage. Floyd Landis, vainqueur déchu du Tour 2006, est un menteur compulsif doublé d'un procédurier acharné.

Mais il va devenir le délateur prolixe du système Armstrong. Une histoire de business, de piratage informatique et d'espionnage.

Morzine, le 20 juillet 2006. Floyd Landis réalise un numéro dans la 17e étape du Tour. Le leader de l'équipe Phonak est l'ancien adjoint d'Armstrong qui vient de se retirer après 7 victoires consécutives dans la Grande Boucle.

Après 150 kilomètres d'échappée et 5 cols, Landis gagne en solitaire à Morzine. Quasi battu, la veille, après une défaillance, il livre une performance de légende : six minutes d'avance sur le peloton des favoris, il se replace pour la victoire finale qui lui tombe dans le bec, trois jours plus tard sur les Champs-Élysées.

Mais il y a un hic. Le soir même, le contrôle antidopage révèle la présence de testostérone, en très grande quantité, dans ses urines. C'est le début d'un festival de justifications qui va durer… quatre ans. D'abord, la faute à la consommation de 2 bières et

VERDICT
Deux fois deux ans de suspension infligés par l'USADA puis l'AFLD. Retrait de sa victoire au Tour 2006. Un an de prison avec sursis pour espionnage informatique (tribunal de Nanterre). Remboursement de 487 000 dollars de dons, ordonné par un tribunal fédéral afin d'éviter un procès pour fraude.

LA MORALE
Une carrière de cycliste peut mettre longtemps à partir en fumette.

4 whiskies, la soirée précédente. Puis, la faute à un taux de testostérone naturellement élevé. Puis, un dopage à son insu. Puis, un complot. Landis va jusqu'à organiser et financer le piratage informatique du laboratoire français qui analyse ses échantillons pour se dédouaner ! Les procédures s'enchaînent en Europe, aux États-Unis : audiences, appels, jusqu'au Tribunal arbitral du sport (TAS). Fils de mennonistes, une communauté chrétienne évangélique, Landis part en croisade pour défendre sa vérité. Il dépense plus d'un million de dollars en avocats et frais de justice. Mais il va craquer.

Pour se rembourser et se racheter une conscience, l'Américain passe brutalement à confesse en 2010 et balance tout et tout le monde : il s'est dopé toute sa carrière sous le haut patronage de Lance Armstrong dont il était le domestique et le fils spirituel. En témoin repenti, il porte caméra et micro cachés afin d'obtenir des preuves pour les Renseignements américains. Un grand déballage, trois ans avant les aveux du Boss.

Depuis 2016, Floyd Landis cultive et commercialise légalement du cannabis au Colorado, et sa société sponsorise une équipe cycliste.

Marion Clignet
Cyclisme

UNE EXCUSE BIEN MOULUE

Le café, il ne faut pas en abuser.

La caféine, à petites doses, stimule à la fois le système nerveux et le cœur. Les sportifs l'utilisent depuis des lustres. À la fin du XIXe siècle, la médecine met en garde contre l'abus de potions à base de stimulants. En 1980, aux jeux Olympiques d'hiver, on a relevé chez certains concurrents des doses de caféine correspondant à l'absorption d'au moins cent cinquante tasses de café par jour !

Marion Clignet n'en est pas là. Mais elle le jure, la surdose de caféine, elle n'y est pour rien : « J'ai tout d'abord pensé à une mauvaise plaisanterie. En Espagne, un matin, nous avons été cinq ou six personnes de l'équipe de France à boire du café dans une Thermos qui avait été préparée par les gens de l'hôtel. Le café était très fort et nous avons tous été malades. J'ai une santé fragile, je suis sujette à des crises d'épilepsie, aussi je ne me permettrais jamais d'abuser de la caféine. » Faute d'une explication convaincante, l'Union cycliste internationale lui fait payer le tarif prévu en cas de première infraction.

☛ VERDICT

Trois mois de suspension, pourboire compris.

✌ LA MORALE

Si c'est trop fort de café, c'est fort embarrassant.

VERDICT

Relaxé par la Fédération britannique d'athlétisme, Christie est suspendu deux ans par la Fédération internationale d'athlétisme.

LA MORALE

Rapide comme infusé.

Linford Christie
Athlétisme

À L'HEURE DU THÉ ET DU DOPAGE

En 1988, aux Jeux de Séoul, l'Anglais Linford Christie prend la troisième place du 100 mètres le plus rapide de l'histoire. Et le plus scandaleux !

Christie termine derrière Carl Lewis, deuxième, et le Canadien Ben Johnson qui l'emporte en pulvérisant le record du monde en 9 secondes 79 centièmes. Quelques heures plus tard, un contrôle révèle que Ben Johnson était bourré de stéroïdes anabolisants (voir p. 102). Ce jour-là, Christie est contrôlé positif à l'éphédrine, un excitant. Pour ne pas ajouter d'eau au moulin du dopage, les instances internationales s'empressent de croire à l'excuse que l'athlète leur sert sur un plateau. Avant la course, il a bu un thé au ginseng qui contenait des substances interdites.

En 1992, Christie est champion olympique du 100 mètres, et se retire des compétitions internationales en 1997. Toutefois, il participe encore à quelques meetings pour le plaisir. Sauf que l'homme qui avait l'habitude de courir plus vite que les autres est rattrapé par un contrôle positif en février 1999. Il est « surdopé » à la nandrolone, un stéroïde anabolisant avec un taux cent fois supérieur au seuil autorisé, mais il nie tout dopage. Il a 39 ans.

Paolo Guerrero
Football

L'INCA COLLÉ

Presque une affaire d'État. Lorsque le capitaine de l'équipe nationale du Pérou, les Incas, est interdit de participation au Mondial 2018, c'est un pays tout entier qui se mobilise.

Le 5 octobre 2017, à l'issue d'un match de qualification pour la Coupe du monde face à l'Argentine, le capitaine péruvien est contrôlé positif. Dans ses urines, de la benzoylecgonine, principal métabolite (résidu) de la cocaïne. Le coup est rude pour celui que l'on surnomme Le Prédateur, meilleur buteur de l'histoire du Pérou (38 buts à ce jour). L'ancien joueur du Bayern Munich affirme qu'il n'a jamais consommé de drogue, et qu'il s'agit de restes de feuilles de coca dans une tasse de thé qu'il a bue avant le match. La sanction infligée lui barre la route du Mondial auquel le Pérou vient de se qualifier pour la première fois depuis trente-deux ans ! Scandale national. Les rues de Lima deviennent le théâtre de manifestations pour soutenir Guerrero. Une pétition signée par les capitaines des futurs adversaires du Pérou, dont le Français Hugo Lloris, circule sur le Net. Le joueur va plaider sa cause à Zurich devant le président de la FIFA, suivi par des millions de Péruviens sur les réseaux sociaux.

Finalement, la suspension du Tribunal arbitral du sport est elle-même suspendue provisoirement. Guerrero est aligné en Russie et marque même un but face à l'Australie. Il ne pourra cependant pas empêcher l'élimination de son pays dès le premier tour.

☛ VERDICT

Quatorze mois de suspension (six avant le Mondial, huit après).

✌ LA MORALE

Les grands buteurs passent facilement du coca l'âne.

Richard Gasquet
Tennis

LA THÉORIE PAMELA

Le « petit Mozart » du tennis français échappe aux sanctions malgré un contrôle positif, grâce à une histoire à rebondissements. Chapeau l'artiste !

Le 9 mai 2009, coup de tonnerre : RMC révèle que Richard Gasquet a subi un contrôle positif à la cocaïne. Il a eu lieu un mois et demi plus tôt, à Miami, où Gasquet était venu faire constater son forfait pour le tournoi de Key Biscayne, en raison d'une blessure à l'épaule. La stupeur est d'autant plus grande que le Biterrois de 23 ans est un jeune homme timide, considéré depuis son enfance comme un surdoué, promis aux honneurs et à la gloire. Gasquet clame son innocence et sert un récit qui va d'abord sembler bien tordu.

La veille du contrôle, sachant qu'il ne participerait pas au tournoi, Richard et quelques amis partent à la découverte de la vie nocturne de Floride. Au gré de leur soirée, ils sympathisent avec des Françaises. C'est alors que Pamela entre en scène. Le courant passe et la troupe se retrouve dans un établissement où mixe le DJ français Bob Sinclar. Soirée de folie. Gasquet reconnaît qu'il a beaucoup trop bu mais il a un souvenir : un baiser échangé avec Pamela. Baiser volé, selon la jeune femme. Gasquet, c'est sa défense, aurait alors été contaminé

par de la cocaïne ingérée par Pamela. La belle dément toute consommation de drogue, et le feuilleton va s'étirer jusqu'à la fin de l'année : Gasquet est d'abord suspendu deux mois et demi, ce qui l'empêche de participer à Roland-Garros et à Wimbledon. À l'époque membre de l'écurie sportive d'Arnaud Lagardère, il bénéficie de la communication de crise du groupe et se retrouve invité fin juillet dans le journal de 20 heures de France 2. Il confie sa « souffrance inouïe » et dément de nouveau avoir pris de la cocaïne.

Mais, surtout, le tennisman fait réaliser des analyses capillaires par le laboratoire de toxicologie de Pascal Kintz, à Strasbourg. Elles démontrent, grâce à la technique développée par ce docteur en pharmacie, que Gasquet n'est pas un consommateur régulier. Ses cheveux (1 centimètre permet de remonter un mois en arrière) montrent que la « théorie Pamela », celle d'un baiser contaminé, est plausible, au vu des doses retrouvées dans les urines du sportif. L'argument servira à d'autres athlètes contrôlés positifs par la suite (Gil Roberts, Shawn Barber, voir p. 65 et 128...).

Car au mois de décembre 2009, le Tribunal arbitral du sport, l'instance suprême, blanchit Richard Gasquet et condamne la Fédération internationale de tennis (ITF) et l'Agence mondiale antidopage (AMA) à lui verser 6 550 euros de dommages et intérêts.

VERDICT
Néant.

LA MORALE
Quand tu nais à Béziers, méfie-toi des baisers.

Gil Roberts
Athlétisme

BOUCHE-À-BOUCHE

Il n'y a pas que la cocaïne qui se transmet par les étreintes passionnées. Gil Roberts a dû expliquer la présence dans son organisme d'un diurétique interdit.

Le 24 mars 2017, le champion olympique américain en relais 4 x 400 mètres subit un contrôle inopiné à son domicile. Le test révèle des traces de probénécide, une substance interdite car elle permet de masquer notamment la prise de stéroïdes anabolisants.

Pour sa défense, Roberts se tourne vers sa fiancée. Alors qu'elle était en voyage en Inde avec sa famille, Alex Salazar, sa compagne depuis deux ans, a soigné une sinusite avec un médicament trouvé dans une pharmacie locale : des gélules de Moxylong qu'elle vidait dans sa bouche et ingérait avec de l'eau. Alex et Gil se sont retrouvés juste le jour du contrôle et ont échangé des baisers « fréquents et passionnés ». Alex venait de prendre son traitement. Gil l'ignorait.

☛ VERDICT

Roberts est blanchi car la dose de probénécide détectée n'aurait pas suffi à masquer une pratique dopante. Ses explications sont jugées « probables ».

✌ LA MORALE

Le sportif a souvent une furieuse envie de biaiser.

Ryohei Yamanaka
Rugby

FATALE MOUSTACHE

Le rugbyman nippon voulait que sa moustache pousse plus rapidement.

En avril 2011, l'équipe du Japon prépare le Tournoi asiatique des Cinq Nations lorsqu'un fonctionnaire assermenté se présente pour pratiquer un contrôle inopiné.

Le hasard se porte sur le jeune demi d'ouverture Ryohei Yamanaka, promis à un bel avenir international. Quelques semaines plus tard, les analyses révèlent qu'il est positif au méthandriol, un stéroïde anabolisant. Pour simplifier, une pilule à muscle.

Jusqu'ici, rien de très original. En revanche, l'excuse trouvée par Yamanaka va faire le tour du monde. Le joueur des Kobelco Steelers, l'équipe en vue du championnat japonais, explique qu'il a utilisé une crème... pour faire pousser la moustache ! Et il était persuadé que le produit cosmétique ne contenait pas de substances interdites.

N'accablons pas un homme qui se rêvait moustachu, à l'instar de Salvador Dalí, Albert Einstein ou Clark Gable. Pensons plutôt à la solitude d'un rugbyman qui, le matin, espérait se raser devant sa glace et qui, à cause d'un système pileux en berne, n'avait rien à raser. Peu enclin à l'empathie, son sélectionneur a déclaré : « Il n'a juste pas réfléchi. » La Fédération japonaise de rugby a trouvé l'excuse un peu rasoir. Elle a sévèrement sanctionné le joueur qui, du coup, a raté la Coupe du monde de rugby fin 2011 alors qu'il était sélectionné.

VERDICT
Deux ans de suspension.

LA MORALE
Le coup de la moustache est une excuse au poil.

Brian Cushing
Football américain

PLUS MENTEUR QUE LUI, TUMEUR

Le footballeur américain prétendait soigner son cancer.

Sacré animal que ce bulldog-là. 1,91 m et 116 kilos dédiés à la destruction sur un terrain de football américain.

Brian Cushing est une montagne de muscles à la réputation sulfureuse. Contrôlé positif aux hormones de croissance (hCG), il prétend dans un premier temps que c'est une réaction naturelle au surentraînement. De la musculation organique, en somme. Comme ça passe moyen, il envoie encore plus lourd : Cushing affirme qu'il a en fait dissimulé une tumeur maligne et le traitement qui lui était administré. « J'ai joué toute la saison en pensant que ce pourrait être la dernière de ma vie », clame-t-il, main sur le cœur.

La possibilité de jouer toutes les semaines au football américain sous chimiothérapie n'a pas convaincu grand monde. D'autant que le supposé malade n'a été contrôlé positif qu'une seule fois au cours de toute la saison.

☛ VERDICT
4 matchs de suspension.

✌ LA MORALE
Gros costaud, gros pipeau.

Sesil Karatantcheva
Tennis

ENCEINTE SANS LE SAVOIR

La jeune Bulgare n'avait découvert sa grossesse qu'après le contrôle antidopage.

Cette tenniswoman de 15 ans est promise à un avenir radieux : en 2005, elle parvient en quart de finale à Roland-Garros après avoir battu Venus Williams.

La belle histoire ne passera pourtant pas l'hiver. En décembre, *L'Équipe* rapporte que, au soir de sa défaite à Paris, la petite pépite du tennis a été contrôlée positive à la norandrostérone, la trace organique de la nandrolone, un anabolisant. On apprend aussi qu'elle a été testée positive au même produit un mois plus tard, hors compétition. Face aux juges de la Fédération internationale, Karantatcheva renvoie la balle : « Je ne me suis pas dopée, j'étais enceinte sans le savoir et j'ai produit naturellement cette hormone ». Elle aurait découvert sa grossesse à la suite d'une fausse couche…

Vérification faite par les juges : les taux de nandrolone détectés étaient beaucoup trop élevés pour une grossesse.

☛ **VERDICT**

Deux ans de suspension et remboursement des gains obtenus depuis Roland-Garros, soit environ 200 000 euros.

✌ **LA MORALE**

Il ne faut pas confondre gestation et gesticulation.

Christian Henn
Cyclisme

LA FIBRE PATERNELLE

Le coureur allemand voulait booster sa fécondité.

Le 20 mai 1999, Christian Henn finit deuxième de la 1re étape du Tour de Bavière. Mais il échoue au contrôle anti-dopage : testostérone.

Henn nie fermement toute volonté de tricher. Le coureur allemand, membre de la puissante formation Deutsche Telekom, explique que son désir d'enfant l'a poussé à consommer un produit pour stimuler sa fécondité. Mais pas ses performances sportives, il le jure !

Henn ajoute même que c'est son beau-père italien qui lui a recommandé ce remède, à base d'extraits de fruits : « Ma femme est enceinte de notre deuxième enfant grâce à ce médicament », jubile-t-il. Mignon.

VERDICT

Six mois de suspension. À 35 ans, Henn met un terme à sa carrière au même moment et devient directeur sportif. En 2007, il passe aux aveux : comme tous les coureurs de la Deutsche Telekom, il se dopait systématiquement, notamment à l'EPO.

LA MORALE

Le dopage, c'est pas pour les enfants...

Dennis Mitchell
Athlétisme

LES HISTOIRES D'AMOUR FINISH MÂLE

Pour expliquer son taux de testostérone trop élevé, le sprinter américain invoque une orgie de sexe et de bière.

Lorsqu'il est contrôlé positif à la testostérone, Dennis Mitchell est une star du sprint sur le déclin.

Compagnon de piste de Carl Lewis, il est médaillé de bronze olympique du 100 mètres en 1992, à Barcelone. À 32 ans, il n'a plus ses jambes de champion olympique (relais 4 x 100 mètres), mais il tourne encore sur le circuit. Et pas au ralenti. En avril 1998, des analyses révèlent que Mitchell présente un taux de testostérone deux fois supérieur à la limite autorisée. Devant la commission de discipline de la Fédération américaine, l'athlète clame son innocence et se souvient que, la veille du contrôle, il s'est livré à une orgie de sexe et de houblon : 5 bières, 4 rapports. Ce qui expliquerait que son taux de testostérone était monté en flèche. « C'était l'anniversaire de ma femme, elle méritait bien un traitement spécial », ajoute-t-il dans un élan romantique d'une rare élégance. Blanchi par sa fédération, Mitchell sera sanctionné au niveau international. En 2008, il avouera avoir pris des hormones de croissance.

VERDICT
Deux ans de suspension par la Fédération internationale d'athlétisme.

LA MORALE
Une bière ça va, cinq bières, bonjour les ébats !

Lance Armstrong
Cyclisme

UN PATRON TRÈS SANGUIN

En matière de mensonge, Lance Armstrong, c'est le boss. On ne présente plus l'Américain qui a fait de la dissimulation un lucratif business. Et tout a commencé par un passage de pommade.

Nous sommes le 4 juillet 1999, sale journée pour Lance Armstrong. Il est contrôlé positif à l'issue de la 1re étape du Tour. Corticoïdes. L'affaire est révélée par le journal *Le Monde* deux semaines plus tard. L'Union cycliste internationale dément et, à Pau, le 21 juillet, Armstrong assure qu'il a en effet utilisé une crème antihémorroïdaire. Il a même un certificat médical pour ce remède vendu aux États-Unis. Drapé dans sa tunique de leader et sa dignité offensée, le « boss » descend en flammes les journalistes. Il remporte le Tour 99 et les six qui vont suivre. Mais, après l'ascension, la chute sera régulière et spectaculaire.

En 2005, *L'Équipe* titre : « Le mensonge Armstrong ». On apprend que des échantillons du Tour 1999, réanalysés, révèlent la présence d'EPO dans les urines d'Armstrong lors de six contrôles après six étapes. En

octobre 2012, une enquête de l'USADA (Agence antidopage américaine) accable le malsain patron du peloton. Le champion passe aux aveux trois mois plus tard dans le talk-show d'Oprah Winfrey: le certificat médical de 1999 était bien antidaté. Le système décrit par Armstrong ce soir-là ressemble tout à fait à ce qu'en a dit l'USADA: « Le programme [de dopage] le plus perfectionné, le plus professionnel et le plus efficace que le sport ait jamais vu. »

Game over.

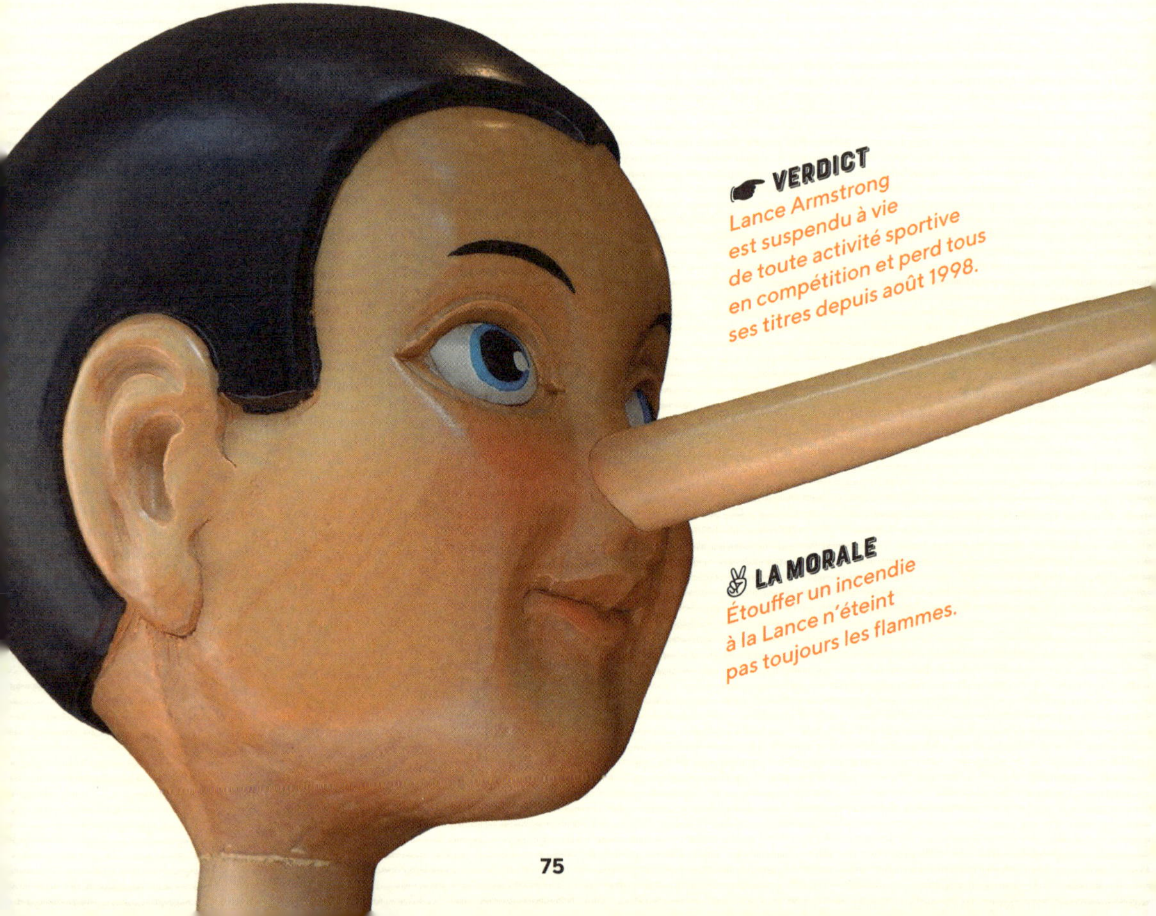

VERDICT
Lance Armstrong est suspendu à vie de toute activité sportive en compétition et perd tous ses titres depuis août 1998.

LA MORALE
Étouffer un incendie à la Lance n'éteint pas toujours les flammes.

Frédérick Bousquet
Natation

PAS DE VAGUE

Entre son contrôle positif en juin 2010 et sa révélation en septembre, il y avait un championnat d'Europe à gagner au mois d'août. Alors Frédérick Bousquet et sa fédération ont gardé le silence sur les deux mois de suspension.

Ici, ce n'est pas d'une justification farfelue qu'il s'agit. Au contraire, le nageur a reconnu les faits.

Lors du meeting de Canet-en-Roussillon au mois de juin 2010, des traces d'heptaminol, un stimulant veineux, sont décelées dans ses urines. Conformément à la procédure, l'Agence française de lutte contre le dopage (AFLD) transmet le dossier à la Fédération française de natation (FFN). Calendrier chargé, méandres administratifs, le directeur de la FFN n'en prend connaissance que le 6 août, dira-t-il, et là… il se tait ! Car son athlète est engagé dans la compétition européenne à Budapest. Pas question de déstabiliser le favori, qui rapportera d'ailleurs trois médailles dont deux en or. Bousquet, informé le 16 août, fond en larmes et avoue : « La veille de la course du Canet, j'ai eu une violente crise [hémorroïdaire] et j'ai pris à la pharmacie cette crème contenant de l'heptaminol, sans lire la notice. » Il accepte la sanction mais demande la plus stricte discrétion. Peine perdue : *L'Équipe* sort l'affaire le 20 septembre.

VERDICT

Bousquet ne perdra pas ses titres européens et pourra disputer les championnats de France, en fin d'année, à l'issue de ses deux mois de suspension.

LA MORALE

Méfiez-vous des ordonnances de crème occulte.

UFC

Jon « Bones » Jones
MMA

MIXED DOPING ARTS

Cocaïne, stéroïdes, pilules en tout genre, l'Américain est un combattant complet.

Dans sa discipline, c'est un géant. Un combattant surdoué, quasi invincible depuis ses débuts professionnels en 2008.

L'Américain Jon Jones est l'un des plus grands champions de l'histoire du MMA (mixed martial-arts). Il semble n'avoir qu'un adversaire capable de le terrasser : lui-même.

Et il va s'y employer à partir de 2014. D'abord un contrôle positif à la cocaïne avant un combat lui coûtera 20 000 euros d'amende. Puis un délit de fuite après un accident de la route en avril 2015 entraîne le retrait de son titre de champion du monde.

Autre particularité de ce géant de 1,93 m, la présence régulière de stéroïdes anabolisants dans son organisme. Deux contrôles positifs en un an, le second à son retour d'une première suspension. Jones met d'abord cela sur le compte de compléments alimentaires contaminés puis, en 2017, d'une pilule aphrodisiaque (« dick pill »). Selon lui, les doses détectées n'auraient eu aucun impact sur ses performances. « Mec, je n'utiliserais jamais de stéroïdes, je le jure sur mes enfants et sur mon défunt père », répondait-il à un détracteur. Un troisième contrôle positif en février 2019 serait dû, selon l'Agence antidopage américaine, à des résidus du test de 2017...

☛ VERDICT
Douze et quinze mois de suspension en 2016 et 2017 et 200 000 euros d'amende.

✌ LA MORALE
La potion magique peut devenir une pilule amère.

Mauro Santambrogio
Cyclisme

UNE EXCUSE À LA PAPA

Jamais deux sans trois. Ce cycliste italien bataille autant sur le Giro que dans les affaires de dopage qu'il justifie par ses problèmes d'érection.

Le Lombard vient de signer chez BMC Racing quand il est provisoirement suspendu par son employeur en début de saison 2010. Une enquête pour trafic de produits dopants a en effet été ouverte contre l'équipe Lampre que Santambrogio vient de quitter. Il est finalement réintégré faute de charges.

Cinq ans plus tard, en revanche, c'est du sérieux : il est contrôlé positif à l'EPO sur le Giro alors qu'il court pour Vini-Fantini. Il est immédiatement licencié et, après un an de dénégation, avoue qu'il a triché. Mais il va encore déraper : à quelques jours de la fin de sa suspension de dix-huit mois, il est de nouveau testé positif lors d'un contrôle inopiné. Cette fois, il reconnaît l'injection d'un produit, l'Andriol, utilisé selon lui pour régler à la fois ses problèmes d'érection et de fertilité. « Si j'avais décidé d'attendre j'aurais pu avoir des problèmes, ensuite, et ne jamais devenir père », avança-t-il pour justifier la prise de testostérone alors qu'il allait reprendre la compétition.

VERDICT

Trois ans de suspension. Le coureur met un terme à sa carrière.

LA MORALE

Pas facile de se relever quand on se retrouve Pater.

Kang Soo-il
Football

BIG MOUSTACHE

Kang Soo-il s'apprête à faire ses débuts dans l'équipe nationale de Corée du Sud quand la belle histoire tourne à l'histoire drôle.

À 27 ans, l'avant-centre du Jeju United, né d'une mère coréenne et d'un père GI noir américain, doit représenter un symbole d'intégration. Cependant, au mois de mai 2015, un contrôle inopiné tombe comme un cheveu dans la soupe. Lors du stage d'entraînement qui précède ses grands débuts contre l'Arabie saoudite, Kang Soo-il est contrôlé positif à la méthiltestostérone, un stéroïde anabolisant. Effondré, il incrimine la crème censée faire pousser sa moustache. L'attaquant ne se défend pas, ne demande pas de contre-expertise mais son portrait, affublé de toutes sortes de moustaches, fait le délice, cruel, des internautes sur les réseaux sociaux. Kang Soo-il ne portera jamais le beau maillot rouge des Guerriers Taeguk.

☛ VERDICT
15 matchs de suspension en K League.

✌ LA MORALE
La crème ne sert à rien quand la mousse tache.

VERDICT

Deux ans de suspension.

LA MORALE

Trafiqué, le sang ne fait qu'un Tour.

Alexandre Vinokourov
Cyclisme

LE ROULEUR DU KAZAKHSTAN

En quatorze ans de carrière – qu'il boucle en 2012 avec un titre de champion olympique sur route –, Alexandre Vinokourov en aura roulé, des kilomètres, et des journalistes !

Le 21 juillet 2007, il est contrôlé positif à l'issue de l'étape du contre-la-montre d'Albi, pendant le Tour de France. Le laboratoire antidopage français a détecté la présence de globules rouges suspects dans ses prélèvements. Le test signe le dopage au moyen d'une transfusion homologue. Une pratique qui permet de réalimenter le sportif en sang frais, ce qui a pour effet d'augmenter sa résistance et ses capacités. Elle est interdite et détectable depuis 2004.

Après une chute quelques jours plus tôt, « Vino » avait dû se faire poser 15 points de suture, sans abandonner la course, remportant même l'étape reine des Pyrénées le 23 juillet. Un héros. Le lendemain, les résultats de son contrôle sont révélés. L'équipe dont il est le leader est exclue du Tour.

Vinokourov se défend en arguant d'un « engorgement de sang dans [ses] cuisses » à la suite de sa chute. Le leader d'Astana crie au complot mais garde un solide sens de l'humour : « J'ai entendu dire que je m'étais transfusé le sang de mon père. C'est absurde, je peux vous dire qu'avec son sang, j'aurais été contrôlé positif à la vodka ! »

Mariano Hood
Tennis

UN CHEVEU SUR LA LANGUE

Le dopage par intention capillaire est un classique du sport moderne. Mais pas forcément de la triche.

Pour le joueur de tennis argentin, il a en tout cas signé la fin de sa carrière, à 32 ans. Mariano Hood est un spécialiste du double. Il est 33e mondial lorsqu'il atteint pour la seconde fois, en 2005, les quarts de finale de Roland-Garros, associé à l'Américain Justin Gimmelstob. À l'issue de ce match, Hood est contrôlé positif au finastéride, un médicament prescrit contre la calvitie. Mais la molécule sert aussi à masquer la prise de stéroïdes et figure depuis 2004 sur la liste des produits interdits de l'Agence mondiale antidopage (AMA).

Hood reconnaît qu'il suit ce traitement pour ralentir la chute de ses cheveux, à raison d'un comprimé par jour. Mais il affirme qu'il l'a fait en toute bonne foi, ignorant que le produit avait été couché sur la liste de l'AMA.

En 2009, le finastéride ressortira de cette liste, les avancées scientifiques de la lutte antidopage ayant rendu caduques ses vertus masquantes.

VERDICT

Mariano Hood est suspendu un an mais ne reviendra pas sur le circuit. Il met un terme à sa carrière à l'annonce de la sanction.

LA MORALE

Pour un tennisman, avoir du toupet peut rendre service.

Shane Warne
Cricket

SURCHARGE PONDÉRALE

On a beau être l'un des cinq meilleurs joueurs de cricket du XXe siècle, on écoute les conseils de sa maman. Shane Warne n'aurait pas dû.

À quelques jours de la Coupe du monde de cricket en Afrique du Sud, le lanceur australien est contrôlé positif à un diurétique, produit permettant de masquer la prise de stéroïdes. C'est un cataclysme médiatique, Warne est tout simplement le premier cas de dopage du sport national australien. Il est surtout une immense vedette qui aura plus tard son talk-show et une comédie musicale sur sa vie. À 34 ans, il a multiplié les Unes pour ses exploits, mais aussi pour une affaire de corruption et ses frasques conjugales.

Warne récuse toute volonté de tricher. Il affirme qu'il n'a pris ce médicament que deux fois. La première après une soirée très arrosée : « J'avais bu deux bouteilles de vin de trop », et la seconde car sa mère le lui avait conseillé pour perdre du poids. « Elle voulait que je me débarrasse de mon double menton. »

☛ VERDICT

Douze mois de suspension. Il met un terme à sa carrière.

✌ LA MORALE

Buvez, éliminez (les ennuis).

Junsuke Inoue
Billard

LE GENTLEMAN DU TAPIS VERT

À 58 ans, cette vedette japonaise du billard s'est fait prendre… comme un sprinter.

Est-ce son âge, élevé pour un sportif, ou les caractéristiques de son sport qui ont poussé Junsuke Inoue à consommer un produit interdit ?

Inoue devait faire partie de la sélection pour les Jeux asiatiques de Bangkok en décembre 1998. Il était le doyen de la délégation. Mais le contrôle qu'il subit quelques jours avant l'ouverture de la compétition révèle des traces d'un dérivé de la testostérone. Comme Ben Johnson, dix ans auparavant, après la finale du 100 mètres des Jeux de Séoul (voir p. 102).

Inoue assure qu'il ne voulait pas stimuler ses performances sportives mais sa libido grâce à une « pilule d'amour ». « Ma femme mérite d'être satisfaite », dira-t-il.

VERDICT
Deux ans de suspension.

LA MORALE
Les histoires d'amour vieillissent mal, en général.

Kelli White
Athlétisme

MENSONGES SUR ORDONNANCE

Dans cette histoire, il ne s'agit pas d'un mensonge artisanal mais d'un pur produit de l'industrie du dopage. Kelli White est la première repentie de l'affaire Balco, célèbre laboratoire américain de la triche organisée.

À Paris, au Mondial 2003, la jeune Américaine est la reine du sprint : médailles d'or sur 100 et 200 mètres. Une reine vite déchue car elle est contrôlée positive avant même la finale du relais 4 x 100 mètres (elle perdra ses deux couronnes mondiales quelques mois plus tard). À l'époque, le Modafinil retrouvé dans ses urines est considéré comme un « stimulant léger », « apparenté » à des substances interdites. La Fédération internationale d'athlétisme (IAAF) doit l'intégrer l'année suivante, en 2004, à sa liste de bannissement.

Kelli White affirme qu'elle prend ce médicament pour lutter contre une maladie, la narcolepsie (troubles chroniques du sommeil), et qu'il lui a été prescrit par un certain Dr Brian Goldman, consultant pour le laboratoire Balco fondé par Victor Conte.

Deux ans plus tard, lors d'un procès retentissant, Kelli White dira qu'elle « ignorai[t] même l'existence de ce mot [narcolepsie]

quelques heures avant l'annonce de [son] contrôle positif… » Selon ses déclarations sous serment, l'histoire aurait été mise au point dans l'urgence par Goldman et Conte. White, qui se décrit elle-même comme un « cobaye », raconte désormais dans les écoles ou les médias les ravages que les produits dopants ont infligés à sa santé. Et à la vérité.

☛ VERDICT

Deux ans de suspension. Résultats annulés entre 2000 et 2003.

✌ LA MORALE

Il est possible de mentir à son corps défendant.

Larisa Lazutina
Ski de fond

LE MAUVAIS ŒIL DE MOSCOU

Pour réfuter toute volonté de tricher, la skieuse pouvait compter sur la puissance de la grande Russie offensée.

Larisa Lazutina , skieuse de fond, multi-médaillée olympique aux Jeux d'hiver, a sérieusement dérapé en 2002 à Salt Lake City. Au matin du 22 février, elle se voit interdire le départ du relais 4x5 kilomètres: son hématocrite (la part de globules rouges dans le sang) est trop élevé. Relais disqualifié. Les Russes crient au scandale et menacent de quitter les Jeux. Alexei Voline, représentant de Moscou, déplore que le nombre d'athlètes russes disqualifiés « paraît résulter d'une campagne préméditée destinée à discréditer l'équipe olympique russe ». « Notre équipe est absolument innocente ! C'est tout simplement du banditisme [...] », s'emporte quant à lui le président du Comité olympique russe.

La skieuse peut toutefois remonter sur les planches trois jours plus tard et remporter le 30 kilomètres classique. Candide, elle assure : « Jeudi, c'est la première fois de ma vie que j'ai eu un résultat positif. Je ne m'explique pas pourquoi. Je suppose que c'est l'altitude. » Peu après, le CIO révèle que le test de Lazutina présente des traces de darbépoétine, un stimulant de globules rouges, équivalent de l'EPO.

☛ VERDICT
Retrait de ses 3 médailles et de tous ses résultats lors des Jeux 2002.
Deux ans de suspension.

✌ LA MORALE
Pour skier masqués, certains roulent plein fards.

Roburt Sallie
Basket

UNE AFFAIRE DE CENTIMÈTRES

Le basketteur universitaire aurait été viré pour avoir voulu agrandir son pénis.

Un globe-trotter. Roburt Sallie, basketteur universitaire originaire du Tennessee, a usé ses semelles sur les parquets de 8 pays, hors États-Unis.

C'est en Espagne que son nom est sorti des feuilles de statistiques pour rejoindre la cohorte des positifs.

En décembre 2011, le club de Tarragone, en deuxième division espagnole, annonce qu'il se sépare de son ailier américain. Sallie a été contrôlé positif à la testostérone. Les informations qui filtrent font état de la consommation de pilules destinées à agrandir son pénis. Du vestiaire arrive la rumeur que l'Américain évitait de prendre sa douche avec ses partenaires.

C'en est trop pour Sallie qui livre sa vérité dans une interview à la radio : son pénis a une taille normale ! Et, s'il a bien consommé des pilules, c'est pour augmenter son « potentiel sexuel », pas sa surface ! Il ajoute qu'il n'a pas été viré mais qu'il est parti de lui-même. Na !

VERDICT
Rupture de contrat, pas de suspension.

LA MORALE
Même au basket, ce n'est pas la taille qui compte.

Christopher Froome
Cyclisme

L'INSPIRATION DU PELOTON

Ou comment un test antidopage va quelque peu écorner la légende du « Cannibale » du XXIe siècle, dévoreur de victoires comme Merckx en son temps.

En décembre 2017, *Le Monde* et *The Guardian* révèlent que le leader de l'équipe Sky a subi un contrôle «anormal» trois mois plus tôt, lors de la 18e étape du Tour d'Espagne, trois jours avant son triomphe à Madrid. Froome n'est pas déclaré «positif» car le produit détecté, le salbutamol, est autorisé jusqu'à 1000 ng/ml. Mais les valeurs relevées dans les urines du champion affichent le double. Le salbutamol est une molécule qui dilate les bronches mais, au-dessus d'une certaine dose, en comprimés ou en injections, il a des effets anabolisants. Froome explique qu'il a été victime de crises d'asthme aiguës et qu'il a scrupuleusement suivi les prescriptions du médecin de l'équipe en inhalant de la Ventoline dont le salbutamol est le principe actif. Le coureur – vainqueur de quatre Tours de France, deux Vueltas et un Giro entre 2011 et 2018 – échappe à la suspension provisoire et lance une armée d'avocats pour prouver sa bonne foi et son innocence.

La défense de son leader aurait coûté près de 7 millions d'euros à la Team Sky. Après neuf mois de procédure, Froome est autorisé à disputer le Tour de France qu'il terminera à la troisième place.

VERDICT

Blanchi par l'Union cycliste internationale.

LA MORALE

Les champions ne manquent pas d'air pour crier leur innocence.

LaShawn Merritt
Athlétisme

LE COMPLEXE DU SPRINTER

La DHEA sert à gagner des centimètres. Tout dépend où.

Champion olympique, double champion du monde, LaShawn Merritt est l'un des hommes les plus rapides de l'histoire du 400 mètres. Il est plus habile à soustraire des centièmes de seconde sur un tour de piste, qu'à gagner des centimètres.

Pas un mais trois contrôles positifs. En octobre et décembre 2009, puis janvier 2010. À chaque fois, le même produit est retrouvé: de la DHEA, surnommée hormone de jouvence. C'est un stéroïde anabolisant.

L'avocat de l'athlète, expert reconnu des affaires de dopage, affirme que la présence de cette substance s'explique par « la prise d'un médicament en vente libre visant à augmenter la taille du pénis, utilisé épisodiquement par [son] client ». Merritt bat sa coulpe dans un communiqué: il dit son « humiliation », parle d'une erreur « idiote, immature et égoïste ». « C'est dur à avaler », avoue-t-il, à propos du contrôle positif, bien sûr. Cette mésaventure ne l'empêchera pas de devenir champion du monde en 2013 ni d'obtenir la médaille de bronze olympique en 2016.

☛ VERDICT

Vingt et un mois de suspension.

✌ LA MORALE

Les sprinters ne tiennent pas forcément la longueur.

Romario
Football

LA COIFFE DU MAL

Le traitement contre la calvitie de Romario ne lui a pas coûté cher.

Ne vous fiez pas à son surnom : O Baixinho, « Le Minus », est un immense joueur. Un avant-centre de 1,68 m à l'adresse chirurgicale et à la vitesse redoutable… et un personnage de roman !

Né dans une favela de Rio, il est devenu sénateur du parti Podemos dans sa ville natale. Il a régalé la presse internationale avec ses frasques, ses phrases chocs et une affaire de dopage en fin de carrière. Entre-temps, il a gagné une Coupe du monde, des dizaines de titres et marqué près de 1 000 buts.

Du PSV Eindhoven au Barça, ses coéquipiers ne l'ont pas beaucoup vu courir à l'entraînement mais énormément derrière les filles. La légende raconte que, de ses cinq années passées aux Pays-Bas, il n'aurait appris que deux expressions néerlandaises : « Je suis un peu fatigué » et « Voulez-vous coucher avec moi ? ».

Sacré farceur que ce Romario, exclu de la sélection junior dans les années 1980 pour avoir uriné du balcon de son hôtel avant un match. Mais c'est une autre miction hasardeuse qui va sonner le glas de sa longue carrière. À 41 ans, Romario porte de nouveau le maillot du club carioca de ses débuts, Vasco de Gama. Il est entraîneur-joueur lorsqu'un contrôle antidopage, après un match nul contre Palmeiras, révèle la présence de finastéride dans ses urines. En 2007, ce produit est interdit car il permet de masquer l'utilisation de stéroïdes

anabolisants. C'est aussi un médicament star dans le monde entier. Sous le nom commercial de Propecia, le finastéride est connu pour ralentir la chute et favoriser la repousse des cheveux. Selon le Dr Jean-Pierre de Mondenard, spécialiste du dopage, il s'agissait de la deuxième molécule la plus vendue en pharmacie, dans la région de Turin, au moment de l'enquête du procureur Guariniello sur les pratiques dopantes de la Juventus. C'était avant son interdiction par l'Agence mondiale antidopage.

Mais, en octobre 2007, lorsque Romario se retrouve positif, le finastéride est banni du régime des sportifs et, normalement, tout le monde est au courant. Pas le Brésilien qui, très soucieux de son apparence, avance la même excuse qu'une bonne dizaine d'autres athlètes pris au piège : c'était pour lutter contre l'alopécie androgénique, communément appelée calvitie.

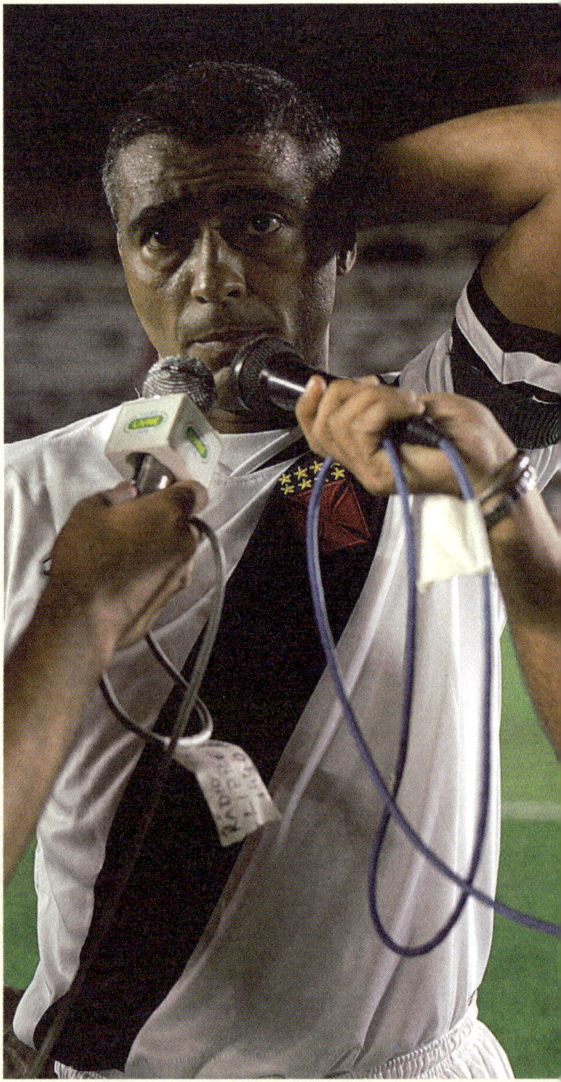

VERDICT

Quatre mois de suspension en 2007. Blanchi en appel en 2008, Romario prend sa retraite et se consacre à la politique.

LA MORALE

Le dopage nous entraîne aux racines du mâle.

Dieter Baumann
Athlétisme

SEULES SES DENTS ONT ÉTÉ BLANCHIES

En novembre 1999, l'athlète allemand Dieter Baumann tombe pour dopage. L'Allemagne aussi tombe de haut.

Champion olympique du 5 000 mètres aux Jeux de Barcelone, surnommé « le Kényan blanc » pour sa capacité à rivaliser avec les coureurs africains, Baumann se présente volontiers comme le « Monsieur Propre » de l'athlétisme, celui qui pourfend les tricheurs et réclame toujours plus de sanctions. Baumann, c'est Zorro en maillot avec des chaussures à pointes.

Personne ne comprend comment une forte dose de nandrolone a pu être détectée chez lui. Selon son épouse, « Dieter est l'honnêteté incarnée ». Un professeur en biologie moléculaire, ami de l'athlète, avance qu'il faudrait chercher du côté des facteurs suivants : une tumeur cancéreuse, un entraînement excessif, le stress, la dégustation de pâtés ou de produits laitiers. Vaste programme !

Dieter Baumann sollicite l'aide d'un autre scientifique, le professeur Schänzer, qui dirige un laboratoire de contrôle antidopage à Cologne. Début décembre, le professeur retrouve l'objet du délit dans la

salle de bains du champion : un tube de dentifrice. Selon ses analyses, il serait bourré de nandrolone. De là à blanchir le champion et ses dents, ça semble un peu trop beau pour être vrai.

Baumann crie au complot. Il porte plainte. La presse relate la thèse d'une machination venue de l'ex-Allemagne de l'Est dont Baumann a maintes fois dénoncé les pratiques de dopage.

Selon les enquêteurs, si manipulation il y a, elle est l'œuvre d'un spécialiste : car pour incorporer de la nandrolone à du dentifrice, il faut la mélanger avec du méthanol ou de l'éthanol, ce qui n'est pas à la portée de tout le monde. Et il faut savoir que le meilleur moyen de faire pénétrer cette substance dans le corps, c'est de la mettre en contact avec la bouche. Or, dans les années 1980, l'Allemagne de l'Est aurait mené des études sur le sujet.

En janvier 2000, l'Association allemande d'athlétisme (DVL), par neuf voix contre une, suspend Dieter Baumann pour deux ans. Le Kényan blanc ne renonce pas. Comme dans un roman d'espionnage, il passe au détecteur de mensonges, confie ses poils pubiens à l'analyse de l'Institut de toxicologie de Strasbourg, offre 100 000 marks à toute personne susceptible de témoigner en sa faveur. Les preuves manquent mais la détermination de Baumann fait douter la DVL. En juin 2000, la suspension est levée. Ce revirement provoque la colère de la Fédération internationale d'athlétisme qui rétablit illico la sanction initiale.

VERDICT

Deux ans de suspension.

LA MORALE

Dope-toi et le fiel t'aidera.

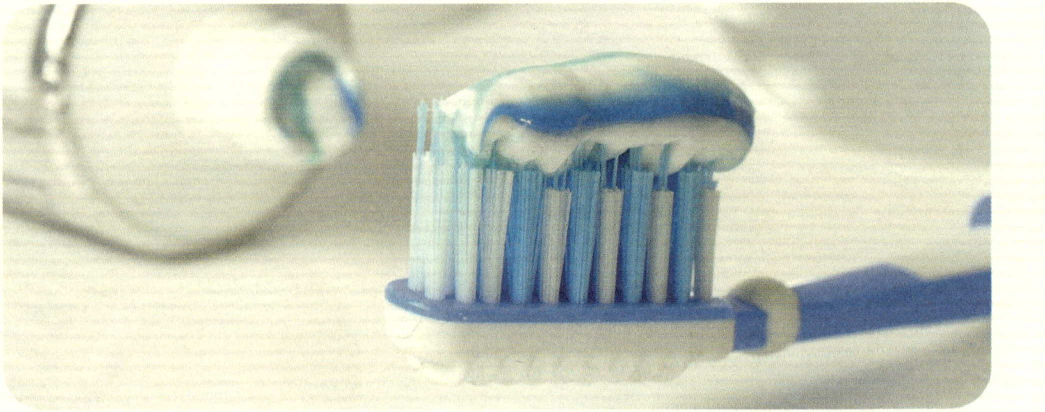

VERDICT
Suspension de deux ans et ses records du monde sont rayés des tablettes. De nouveau contrôlé positif en 1993, il est interdit de compétition à vie.

LA MORALE
Rien ne sert de courir (vite) quand le dopage vient à point.

Ben Johnson
Athlétisme

LE MYSTÈRE DE SÉOUL

Pour l'homme le plus rapide de la planète, l'euphorie dure deux jours. Puis vient le temps de la disgrâce.

Le 24 septembre 1988, en 9 secondes 79 centièmes, le Canadien Ben Johnson remporte le 100 mètres aux Jeux de Séoul. Quarante-huit heures plus tard, le sprinter est contrôlé positif au stanozolol, un produit anabolisant. Il est exclu des Jeux, chassé du village olympique et déchu de son titre. Plus tard ses records du monde seront rayés des tablettes. En attendant, Ben Johnson ne nie pas le dopage mais il crie au complot. « L'urine était bien la mienne mais ce qui a été trouvé dans mon urine a été ajouté. » Le Canadien accuse un proche de Carl Lewis, son grand rival américain, d'avoir trafiqué les boissons qu'il a prises après la course pour aller uriner… La présence de l'homme mystérieux dans la salle du contrôle antidopage a été confirmée. Serait-ce un hasard ?

En 2018, une enquête journalistique canadienne révèle que le rapport officiel rédigé à l'époque par le laboratoire antidopage comporte des irrégularités, en particulier des codes d'identification modifiés et des annotations manuscrites. Ces éléments auraient pu remettre en cause l'exclusion, puis la suspension de Ben Johnson, et l'affaire se serait probablement conclue par un vice de forme.

Marion Jones
Athlétisme

LA CHUTE DE LA « CHÉRIE DE L'AMÉRIQUE »

Elle était surnommée La Reine. Basketteuse, sprinteuse, sauteuse en longueur, Marion Jones était une machine à gagner, couverte d'or et de lumière. Jamais contrôlée positive, ce sont ses mensonges qui l'ont trahie.

Entre 1997 et 2002, Marion Jones est la championne absolue de l'athlétisme féminin. Belle, talentueuse, elle écrase la concurrence aux Jeux de Sydney : 5 médailles dont 3 d'or... C'est aussi à cette époque que le joli tableau commence à se fissurer : son mari, le lanceur de poids C. J. Hunter, est suspendu pour dopage. Elle le défend. Premier mensonge d'une longue série.

Dans l'exercice de la dénégation, Marion Jones ne se distingue pas par l'originalité de ses récits mais par sa constance. La sprinteuse californienne a tout nié pendant cinq ans, lors d'enquêtes fédérales, notamment dans l'affaire Balco, du nom d'un laboratoire qui fournissait des dizaines de sportifs en hormones de croissance et EPO. En tout, trois parjures. Aux États-Unis, cela

ne pardonne pas. Elle « n'a pas commis une seule faute… mais une série de fautes dans le but de tromper la loi », dira le juge.

Marion Jones a tout avoué fin 2007 : elle s'est dopée durant presque toute sa carrière et surtout avant les Jeux de Sydney. La chute d'une icône.

☛ VERDICT

Six mois de prison ferme, deux ans de liberté surveillée. Tout son palmarès a été annulé à partir de 2000, y compris ses 5 médailles olympiques.

✌ LA MORALE

La vérité rattrape même les plus rapides.

Justin Gatlin
Athlétisme

UNE EXCUSE À LA CRÈME

C'est son masseur qui aurait contaminé le sprinter américain.

En avril 2006, le sprinter américain Justin Gatlin, champion olympique du 100 mètres aux Jeux d'Athènes, est contrôlé positif à la testostérone, un produit qui augmente la masse musculaire et la puissance. Aussi rapide à mettre ses jambes en action que ses neurones en ordre de bataille, Justin plaide non coupable : « Je ne peux pas expliquer ces résultats, parce que je n'ai jamais pris sciemment aucune substance interdite, ni autorisé qui que ce soit à m'administrer une telle substance. »

Trevor Graham, son entraîneur jamaïcain, crie au sabotage. Il prétend qu'il a vu le masseur appliquer une crème blanchâtre à l'aine et à l'arrière du genou de Gatlin. « Quand j'ai demandé au masseur de quoi il s'agissait, il m'a dit : Va-t'en. Il a ensuite remis le tube de pommade dans sa poche ». Selon Graham, le masseur voulait se venger après avoir été licencié. Ce dernier a fermement démenti.

En 2001, Gatlin avait été condamné dans une affaire de dopage pour usage d'amphétamines.

VERDICT
Dans l'affaire de l'excuse à la crème, huit ans de suspension, peine divisée par deux en appel.

LA MORALE
Si la main du masseur n'y est pour rien, la main de ma sœur non plus.

Danilo di Luca
Cyclisme

« J'AI MENTI. J'AI TRICHÉ »

Avant le grand déballage, celui qu'on surnomme le Golden Boy a invoqué la théorie du complot.

Vainqueur du Tour d'Italie, de la Flèche Wallonne ou encore de Liège-Bastogne-Liège et du Tour de Lombardie, Danilo di Luca est contrôlé positif à deux reprises pendant le Giro 2009. À chaque fois, les inspecteurs détectent une même substance, la toute nouvelle Cera, une EPO de synthèse de troisième génération. Le cycliste plaide non coupable : « [...] tant de sportifs ont été contrôlés positifs à la Cera... tomber dans ce piège aurait été vraiment stupide », déclare-t-il à l'agence de presse ANSA. Un mois plus tard, il confie à *La Gazzetta dello Sport* : « Je commence à penser qu'il y a un complot. » Di Luca met en doute la compétence du laboratoire français qui a délivré les résultats, mais ne parviendra jamais à le prouver. Déjà suspendu trois mois en 2007 dans l'affaire *Oil for Drug*, le coureur italien continue de « faire le métier » jusqu'en mai 2013 et un nouveau contrôle positif à l'EPO. Trois ans plus tard, dans son autobiographie, Di Luca passe aux aveux complets : « J'ai menti. J'ai triché. J'ai fait tout ce qu'il fallait pour finir premier. »

☛ VERDICT

2007 : trois mois de suspension. 2009 : quinze mois de suspension et 280 000 euros d'amende. 2013 : suspension à vie et 35 000 euros d'amende.

✌ LA MORALE

Inspirez, expirez... conspirez.

Tong Wen
Judo

LA LETTRE… ET LE NÉANT

Tong Wen est une légende du judo chinois, quintuple championne du monde, championne olympique chez elle à Pékin en 2008. Elle change d'avis comme de kimono, et cela lui a bien réussi.

Le 30 août 2009, la judoka remporte son quatrième titre mondial dans la catégorie des lourds (+78 kilos) à Rotterdam. Le soir même, elle est contrôlée positive au clenbutérol, un stéroïde anabolisant qui permet d'augmenter la masse musculaire, la ventilation et le flux sanguin. Suspendue provisoirement, son titre lui est instantanément retiré. Deux mois plus tard, dans un courrier expiatoire, elle assure : « Je ne souhaite pas me défendre dans cette affaire [...]. Je demande une punition légère à la Fédération internationale et à l'Agence mondiale antidopage. » La Fédé continue pourtant d'instruire le dossier et ouvre l'échantillon B du prélèvement pour valider une suspension de deux ans. Et là, c'est la boulette : aucun représentant de l'athlète n'est convié ! Tong Wen passe alors à l'attaque. Ses avocats portent l'affaire devant le Tribunal arbitral du sport et, en mars 2011, la combattante est réhabilitée, « aucune violation de dopage n'a été établie » à cause d'un vice de procédure.

Pugnacité payante pour le palmarès de la Chinoise qui remporte quelques mois plus tard un 5e titre mondial et une médaille de bronze olympique l'année suivante.

☛ **VERDICT**

Blanchie.

✌ **LA MORALE**

Pour soumettre un arbitre, un bon avocat vaut mieux qu'une clé de bras.

Pedro Delgado
Cyclisme

LES EXCUSES BIDON

Positif à un produit stimulant, « Perico » invoque un bidon mal nettoyé.

En 1988, cinq jours avant l'arrivée du Tour de France, un contrôle antidopage révèle que le coureur espagnol Pedro Delgado est positif au probénécide. Ce produit est un diurétique connu pour masquer l'utilisation de stéroïdes anabolisants à l'analyse.

Dès lors, la suspicion entoure celui qui porte le maillot jaune et domine la course. Pour sa défense, Delgado se demande « si ce n'est pas un de ces bidons tendus par les spectateurs dans un des cols qui contenait quelque chose ». Mais soyons objectif : le coup de l'excuse bidon est devenu un grand classique en cyclisme.

En 1967, si l'Allemand Andreas Trocke est positif, c'est la faute au bidon tendu par un coureur : « Lors de l'échappée qui me permit de l'emporter à Limoges, je n'avais plus rien à boire. L'Espagnol Linarès me donna son bidon, peut-être que celui-ci contenait un dopant. »

En 1971, si le Français Roger Pingeon est positif, c'est la faute au bidon tendu par un inconnu. Pingeon déclare : « J'ai porté plainte contre X. » La plainte n'a jamais rien donné !

En 1975, si l'Italien Felice Gimondi est positif, ce n'est pas sa faute : « J'ai dû saisir au passage, à quelque inconnu, une boisson avec un produit prohibé. De bonne foi, je l'ai bue. »

En 1978, si le Néerlandais Joop Zoetemelk est positif, c'est la faute à pas de chance. « En raison des contraintes médiatiques et de l'éloignement du lieu du contrôle, on nous

a seulement testés deux heures après l'arrivée de l'étape. Il est certain que durant ce laps de temps, j'ai beaucoup bu. »

En 2000, le Français Emmanuel Magnien tente d'expliquer comment il a été positif à l'EPO et aux amphétamines : « Je n'écarte pas la possibilité d'avoir pris un bidon à un spectateur lors d'une quelconque course. »

En 2005, l'Italien Danilo Hondo est positif à un stimulant : « Un bidon mal nettoyé pourrait être à l'origine des traces de carphédon dans mon organisme. »

Revenons à nos bidons, à l'affaire Delgado et au probénécide détecté dans les urines du coureur ibérique. En 1988, ce produit masquant est interdit par le Comité international olympique qui règne sur les JO. Mais Delgado est un cycliste qui dépend de l'Union cycliste internationale ! Or, en juillet, l'UCI n'a pas encore placé ce produit sur la liste noire. Alors que le peloton fait route vers Paris avec, à sa tête, un Delgado en tunique jaune, l'affaire de dopage fait un bide. Ou presque. Le Jury international des commissaires annonce le « non-dopage » de Pedro Delgado. Pedro est soulagé : « Je veux tout oublier de cette affaire. Je suis le maillot jaune du Tour. Tout le reste n'a plus d'importance. »

VERDICT

Innocenté.

LA MORALE

Noël au balcon, Pâques au tison, juillet aux bidons.

Fabio Taborre
Cyclisme

« J'AI ÉTÉ PIÉGÉ »

Le coureur italien n'a pourtant aucune preuve de ce qu'il avance.

Le principal fait d'armes international de Fabio Taborre est une victoire d'étape au Tour d'Autriche en 2012. L'Italien est ce que l'on appelle un honnête coureur. Même si le qualificatif n'est peut-être pas si bien choisi.

En juin 2015, l'équipier des Androni-Simerdec est contrôlé positif. Dans ses urines, une hormone de synthèse baptisée FG-4592. Elle est utilisée chez certains malades pour stimuler la production endogène d'EPO et vient d'être interdite par l'Agence mondiale antidopage. Taborre est immédiatement licencié par son équipe qui l'attaque en justice et lui réclame 250 000 euros de dommages et intérêts. Dans une interview à *La Repubblica*, le cycliste dément : « La substance est sous forme de poudre, on peut la dissoudre dans du café. Je voudrais en avoir la preuve mais j'ai la sensation que j'ai été piégé. » De preuves, il n'y en aura jamais, et Taborre n'en dira pas plus sur ce prétendu piège. Le coureur des Abruzzes change de braquet en 2017 : il est arrêté pour vol de voitures et soupçonné de cambriolage.

VERDICT
Quatre ans de suspension qui mettent fin à sa carrière.

LA MORALE
Quand le cycliste déraille, la roue de sa fortune dégonfle.

ACQUA
changing diabetes
FOCUS
ACCENT.JOBS

Clémence Calvin
Athlétisme

ÇACHE-CACHE À MARRAKECH

Outre la liste des produits interdits qu'ils sont tenus de connaître, les athlètes doivent aussi communiquer leur adresse aux contrôleurs des agences antidopage. C'est le règlement.

Clémence Calvin, marathonienne française, n'est pas facile à suivre. Elle est accusée d'avoir faussé compagnie à un duo de contrôleurs français venus la tester inopinément, le 27 mars 2019 à Marrakech, où elle s'entraînait avec son mari. Elle prétend que les deux hommes se sont fait passer pour des policiers, l'ont brutalisée, allant jusqu'à faire tomber son bébé. La scène s'est déroulée en pleine rue. Mensonge, affirment les agents… préleveurs. Selon eux, la jeune femme et son époux ont pris leurs jambes à leur cou, quand ils ont décliné leur qualité. Impossible ensuite de retrouver les coureurs qui ont déclaré treize adresses différentes dans la cité marocaine.

Dans la foulée, Clémence Calvin, procédurière en pleine forme, a réussi à courir le marathon de Paris et à battre le record de France, le 14 avril. Mais elle a été rattrapée par la patrouille.

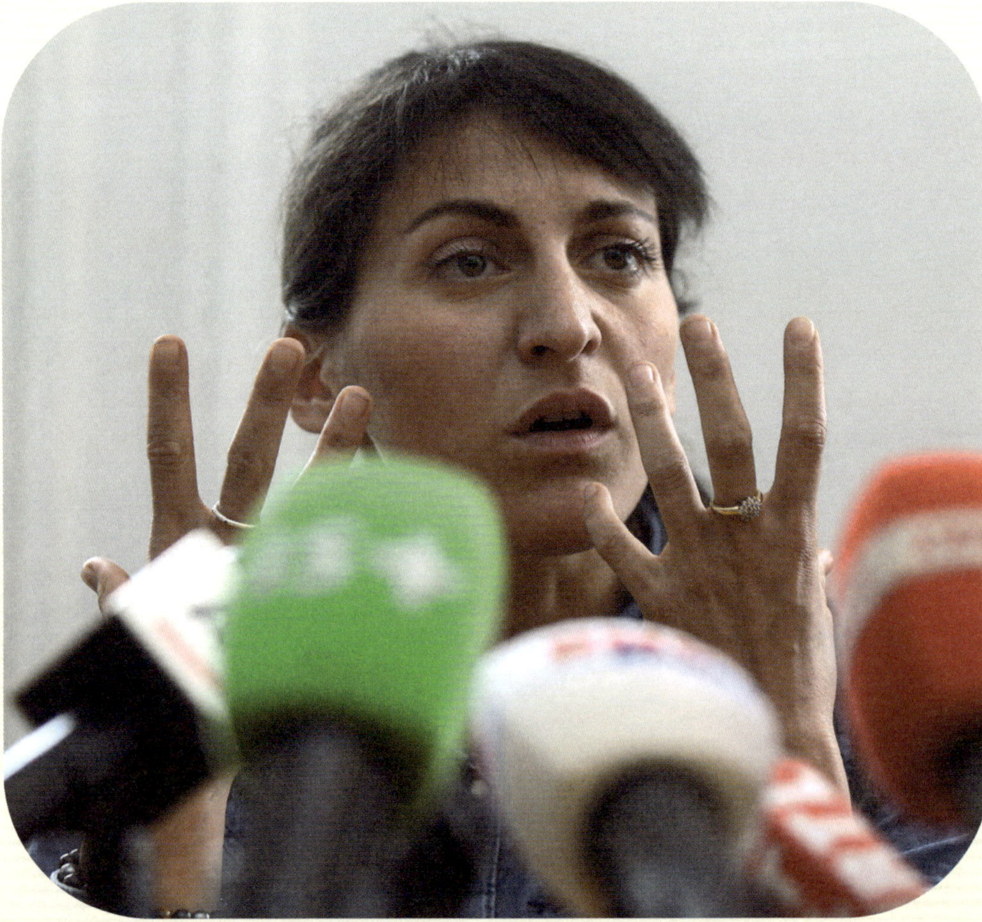

☛ VERDICT

Quatre ans de suspension par la commission des sanctions de l'AFLD pour Clémence Calvin et son mari Samir Dahmani. Record de France annulé. Le couple a déposé un recours devant le Conseil d'État.

✌ LA MORALE

Rien ne sert de courir, il faut mentir à temps.

Richard Virenque
Cyclisme

L'ÉCHAPPÉE SOLITAIRE

Par sa popularité, la durée de ses dénégations (deux ans) et ses aveux spectaculaires, Richard Virenque incarne à lui seul l'archétype du sportif en plein déni de réalité.

VERDICT
Neuf mois de suspension et 6 000 francs suisses d'amende en décembre 2000.

LA MORALE
Un coureur qui se met à table, c'est dopage et désert.

Dans l'arrière-salle d'un petit café de la campagne corrézienne, « Chez Gillou », Richard Virenque, entouré de ses coéquipiers, tient une conférence de presse. Il confirme que l'équipe Festina, exclue du Tour de France, va quitter la Grande Boucle 98. Le Français est en larmes, dénonce une injustice et promet de revenir plus fort...

Dix jours auparavant, le soigneur des Festina, Willy Voet, a été arrêté à la frontière franco-belge. Dans le coffre de sa voiture : 400 ampoules de produits dopants et stupéfiants. EPO, amphétamines, hormones de croissance, testostérone, corticoïdes... « Comment vais-je faire pour mes produits ? » réagit Virenque quand il apprend la nouvelle, selon son directeur sportif, Bruno Roussel. Ce dernier et le médecin belge de l'équipe sont mis en examen et écroués pour « administration et incitation à l'usage de produits dopants ». Ils affirment que Virenque est le patron de cette organisation et incite ses coéquipiers à se doper. Des analyses révéleront que huit des neuf coureurs de Festina, dont Virenque, ont pris de l'EPO, et quatre d'entre eux des amphétamines.

Alors que la plupart des coureurs Festina avouent, Richard Virenque nie fermement. Il affirme qu'il ne savait pas que les médicaments qu'on lui injectait étaient destinés à stimuler ses performances. En dépit des preuves et des passages aux aveux, il tient bon. Son obstination devient un objet de moqueries dans tout le pays et *Les Guignols de l'Info* inventent la formule : « Dopé à l'insu de mon plein gré ».

Sa ténacité lui permet cependant de rebondir. Virenque est engagé par l'équipe italienne Polti et participe au Tour de France en 1999 et 2000, rapportant même un 5e maillot à pois du meilleur grimpeur (7 dans toute sa carrière, record de l'épreuve).

Mais les dernières défenses de Richard Cœur de Lion vont voler en éclats à l'automne 2000. Il est poursuivi, avec Voet et Roussel, pour « complicité d'incitation au dopage », devant la 7e chambre correctionnelle du tribunal de Lille. Face au président Daniel Delegove, au deuxième jour d'audience, Virenque ouvre les vannes. À la question du président : « Vous saviez que vous preniez des produits dopants ? », le cycliste répond dans un souffle : « Oui. » Il ajoute : « Je n'ai pas voulu sauter du train [du dopage] en marche. »

En tenant compte de « la grande diffusion du dopage dans le cyclisme et des carences et ambiguïtés de la lutte antidopage », le tribunal relaxe Richard Virenque (sursis et amendes pour Voet et Roussel). Mais il n'échappera pas à la sanction sportive.

Son avocat, Gilbert Collard, estime que « si Richard Virenque avait avoué [avant le procès] s'être dopé, il se serait offert une voie royale, d'un point de vue judiciaire, mais aussi médiatique ».

Juan Ignacio Chela
Tennis

SCIENCE SANS CONSCIENCE

Spécialiste de la terre battue, comme la plupart de ses compatriotes argentins, Chela présente aussi une particularité commune aux gauchos du début du siècle : le contrôle positif.

Surnommé El Flaco (« Le Maigre ») à cause de son physique longiligne, le natif de Buenos Aires a surtout fait parler de lui pour son humour sur les réseaux sociaux et son caractère bouillant. Quinzième mondial à son apogée, il a certes remporté 6 titres sur le circuit, mais il s'est aussi distingué pour avoir craché en direction de son adversaire (Leyton Hewitt) au 3e tour de l'Open d'Australie.

Un autre dérapage l'a aussi forcé à présenter non pas *des* excuses mais *une* excuse. En août 2000 à Cincinnati, Chela est contrôlé positif à la méthyltestostérone, un stéroïde anabolisant. Pour sa défense, l'Argentin incrimine son médecin personnel qui, dit-il, lui a donné un médicament interdit. Une véritable épidémie chez les tennismen argentins : cinq de ses compatriotes seront pris avec différentes substances interdites, à la même période.

☛ VERDICT
Trois mois de suspension, 8 000 dollars d'amende.

✌ LA MORALE
L'Argentin ne fait pas le bonheur.

Moises Duenas Nevado
Cyclisme

JESUS CONTRE MOISES

Le coureur et son médecin s'accusent mutuellement.

Le 16 juillet 2008, en plein Tour de France, le coureur espagnol Moises Duenas Nevado est contrôlé positif à l'EPO. Il est exclu de la course et suspendu par son équipe.

Le lendemain matin, alors qu'il boucle sa valise pour partir, on frappe à la porte de sa chambre d'hôtel. Perquisition ! Dans une grande mallette rouge, la maréchaussée découvre quantité de produits pharmaceutiques, des seringues, des aiguilles, des poches de transfusion...

Moises admet qu'il se fait des injections mais prétend ne pas connaître la composition des produits. En revanche, il livre le nom du médecin auprès de qui il se les est procurés : Jesus Losa. Son nom est déjà apparu dans une affaire de dopage mais il n'a pas été inquiété. Jesus jure ses grands dieux qu'il n'a jamais fourni de produits prohibés à Moises. Il reconnaît néanmoins qu'il a conseillé le coureur moyennant rétribution, mais pour un régime amincissant uniquement. Entre Jesus et Moises, c'est parole contre parole. Jesus va s'en tirer sans une égratignure alors que Moises est condamné par l'Union cycliste internationale. Il mettra un terme à sa carrière et se reconvertira comme moniteur de ski.

VERDICT
Deux ans de suspension !

LA MORALE
Dans la Bible du dopage, le Diable s'habille en cuissard.

DeAndre Ayton
Basket

UNE ERREUR DE JEUNESSE

La pépite des Bahamas est l'un des grands espoirs du basket américain. Mais il a été pris la main dans le cercle. « Sans faire exprès », dit-il.

Surnommé Dédé, le pivot de 2,11 m quitte l'équipe de son université de l'Arizona, les Wildcats, pour les Suns de Phoenix au printemps 2018. Il est même choisi numéro 1 lors de la *draft*, la fameuse sélection de la NBA.

☛ VERDICT
25 matchs de suspension sans salaire (soit une perte de 2 millions de dollars).

✌ LA MORALE
Dopé à l'insu de son panier.

DeAndre Ayton effectue une première saison prometteuse, il est même sélectionné dans la « All-Rookie Team », l'équipe des meilleurs débutants du championnat.

Aux États-Unis, les stars du parquet ont rarement maille à partir avec les autorités antidopage. Mais ces dernières années plusieurs sanctions ont frappé des joueurs de second plan ou des jeunes de la ligue professionnelle (comme Joakim Noah).

La tendance se vérifie avec la deuxième saison d'Ayton qui commence comme un

cauchemar. Au lendemain d'un match réussi contre les Sacramento Kings, en octobre 2019, un communiqué de la NBA annonce : « DeAndre Ayton [...] a été contrôlé positif à un diurétique. » Sans surprise, le joueur publie rapidement un communiqué d'une affligeante banalité, dans la lignée d'un Virenque : « C'était une erreur involontaire [sic]. J'ai malheureusement consommé quelque chose sans le savoir. »

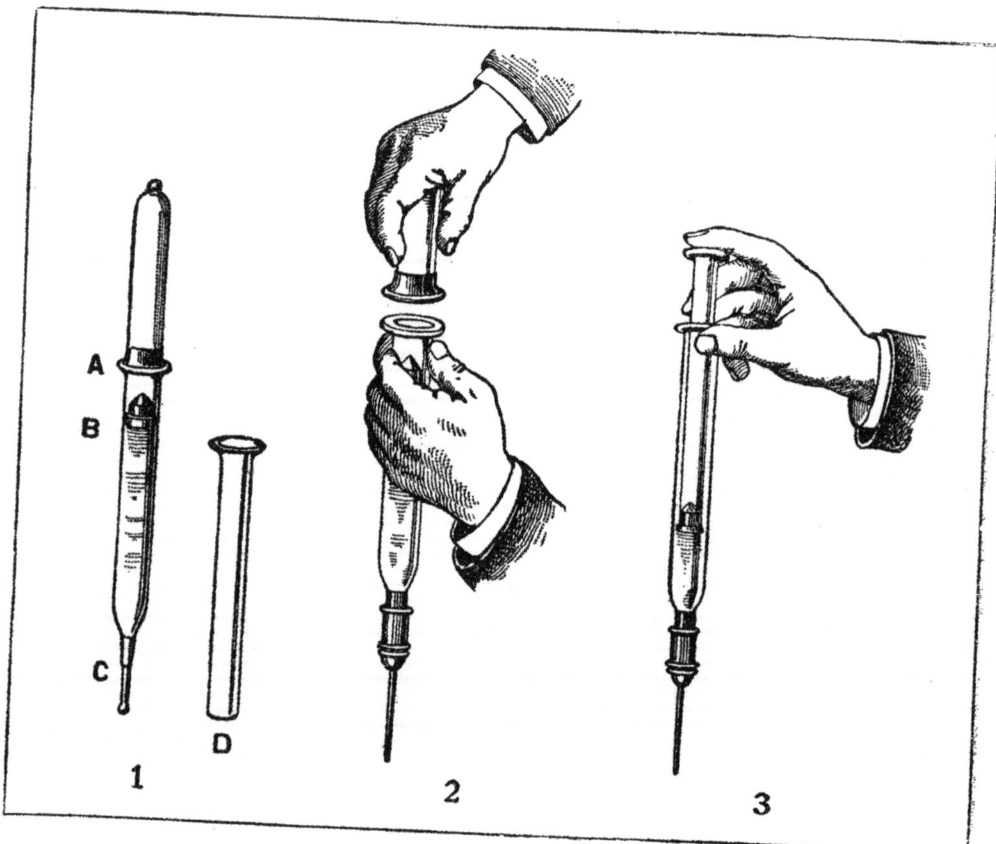

Jeremy Kerley
Football américain

LE RECEVEUR HANTÉ

Le joueur des New York Jets est doté d'une imagination débordante : un « esprit dopeur » lui aurait rendu visite.

À 29 ans, Jeremy Kerley revient chez les verts de Big Apple après une belle saison comme « wide receiver » aux 49ers de San Francisco. Mais en novembre 2017, le ciel lui tombe sur le casque : Kerley subit un contrôle positif à un stéroïde anabolisant, le Turinabol, « idéal pour prendre des muscles secs » selon les sites qui le commercialisent. À l'annonce du test, le footballeur prend les journalistes à témoin : « Regardez-moi, ai-je un physique à prendre des stéroïdes ? Je sais que je n'ai rien fait de mal et je vais démontrer que je suis un joueur propre. »

Effectivement, un mois plus tard, Kerley revient avec le résultat de sa propre enquête qu'il livre lors d'une interview au quotidien *Newsday* : un fantôme a inoculé le produit interdit dans son corps ! « Y a un paquet de fantômes dans le coin. Et il y en a un qui m'a mis ce truc... Ça doit être le fantôme de Noël dernier, vous savez... » L'explication n'a pas fait ciller la NFL (National Football League) dont la sanction sera plutôt clémente.

VERDICT
4 matchs de suspension.

LA MORALE
Un sportif triche la mort dans l'âme.

Wilson
1715
TDS

Kylie Palmer
Natation

LA PALME DE L'INNOCENCE

En avril 2015, pour la nageuse australienne Kylie Palmer, une vieille affaire remonte à la surface.

Kylie Palmer apprend qu'elle est positive au furosémide, un agent masquant, alors que le contrôle a été effectué… un an et demi auparavant, le 13 juillet 2013. Au vu du temps écoulé entre le prélèvement et l'annonce du dopage, les dirigeants de la Fédération internationale de natation, pas plus que la Fédération australienne de natation, ne semblent pressés de régler le cas de la nageuse. Ils doivent penser que Kylie Palmer ne trempe pas jusqu'au cou dans le grand bain du dopage.

Championne olympique en relais à Pékin en 2008, médaillée d'argent à Londres dans la même discipline, elle surprend par la simplicité de sa défense : elle n'a aucune idée de la provenance de la substance interdite. Pour prouver sa bonne foi, elle se retire volontairement de l'équipe australienne.

VERDICT

Kylie Palmer a écopé d'un avertissement et d'une réprimande de la part de la Fédération internationale de natation.

LA MORALE

À peine touchée, même pas coulée.

Guillermo Cañas
Tennis

LE DOCTEUR M'ABUSE

Le tennisman argentin n'a pas contrôlé le produit que son médecin lui a prescrit.

En février 2005, alors qu'il dispute le tournoi d'Acapulco, l'Argentin Guillermo Cañas est contrôlé positif à un diurétique au nom très compliqué : l'hydrochlorothiazide.

Pris dans le filet du dopage, Cañas se dit « innocent » et « choqué ». Pour se justifier, il est juste capable d'expliquer… qu'il n'y a pas d'explication : « Je suis un joueur professionnel et c'est difficile de ne pas savoir ce qui s'est passé. Mais la vérité est ainsi : nous ne savons pas. » Cañas n'est pas à la noce. Il propose une excuse : « Le diurétique, c'est pour soigner mon asthme. Je n'ai rien à me reprocher sauf de ne pas avoir contrôlé ce que le médecin m'avait prescrit. Ma seule faute a été de lui faire confiance. » Quand un sportif soupçonné de dopage charge un médecin, c'est le monde à l'envers. Suspendu deux ans par la Fédération internationale de tennis, Cañas déplore « une très grande injustice ».

☛ VERDICT

Considérant qu'il y a eu dopage accidentel mais sans intention de tricher, le Tribunal arbitral du sport réduit sa peine de vingt-quatre à quinze mois de suspension !

✌ LA MORALE

Une excuse à deux balles peut cacher un mensonge.

Fabio Lucioni
Football

UN MÉDECIN GAFFEUR

À Benevento, le docteur était encore plus mauvais que les joueurs.

En septembre 2017, Fabio Lucioni, l'un des joueurs du club italien du Benevento, est dans le collimateur de l'Agence nationale antidopage.

Lors d'un contrôle, des traces de clostébol, un stéroïde anabolisant, ont été décelées dans ses urines. Cette mauvaise nouvelle s'ajoute au début de saison cauchemardesque de Benevento. L'équipe vient d'accéder à la Serie A, l'équivalent de la première division, et aligne 14 défaites consécutives ! Record d'Italie et même d'Europe où jamais une équipe n'a fait pire.

Âgé de 29 ans, Lucioni, le capitaine, occupe le poste de défenseur. Et, en bon défenseur qu'il est, il se défend de toute intention de dopage. Il incrimine une crème. Le médecin du club, Walter Giorgione, admet avoir utilisé un spray contenant le produit illicite pour faire cicatriser les plaies du joueur. Coupant court à toute remarque suspicieuse, le bon docteur précise que ce produit lui appartenait et qu'il l'a appliqué sur Lucioni uniquement et sur aucun autre joueur.

VERDICT
Un an de suspension pour le joueur.
Quatre ans pour le médecin.

LA MORALE
En médecine sportive, chacun fait ce qui lui plaie.

Shawnacy Barber
Saut à la perche

LE BAISER EMPOISONNÉ

Jeune perchiste de talent, le Canadien tombe de haut à quelques semaines des jeux Olympiques.

Malgré son visage d'ange, le champion du monde 2015 est un redoutable compétiteur et le leader de l'athlétisme canadien à l'approche des Jeux de Rio. Mais la belle histoire tourne au fait divers. Le 8 juillet 2016, Barber remporte le concours des sélections canadiennes et décroche le titre national de la discipline. Lors du contrôle qui suit, la fédération décèle des traces de cocaïne. Dévasté, le perchiste se confond en excuses et explique : la veille de la compétition, il a rendu visite à une prostituée dans un hôtel d'Edmonton. Pour évacuer son stress, selon lui. Et c'est cette femme, pourtant mère de famille, croit-il bon de préciser, qui l'aurait contaminé avec de la cocaïne au cours d'un rapport et de baisers. La jeune femme reconnaît la consommation de drogue dans les minutes qui ont précédé la rencontre et assure que Barber n'avait pas pu s'en apercevoir. « Je serai plus prudent à l'avenir car je m'aperçois que l'on peut se mettre en danger juste en embrassant une fille. »

L'année suivante, Shawn Barber révélera son homosexualité.

☛ VERDICT

Pas de suspension, Barber est autorisé à participer aux Jeux mais son titre de champion du Canada lui est retiré.

✌ LA MORALE

Embrassez qui vous voudrez, mais vérifiez le dosage.

Équipe de Corée du Nord
Football

LES FOOTBALLEUSES FOUDROYÉES

Grâce à leur médecin, les filles de Pyongyang vont entrer dans la grande histoire du bobard.

Juillet 2011, l'équipe féminine de football nord-coréenne dispute, en Allemagne, sa quatrième phase finale de Coupe du monde consécutive. Versée dans le groupe C, elle ne passera pas le premier tour.

Après deux premières défaites face aux États-Unis et à la Suède, le contrôle antidopage de deux joueuses livre son verdict : Song Jong Sun et Jong Pok Sim sont positives aux stéroïdes anabolisants. Elles sont écartées pour le dernier match de poule face à la Colombie. Mais les inspecteurs de la FIFA ont un doute et décident de tester toute l'équipe. Bingo ! Trois autres joueuses présentent des traces de produits dopants dans leurs urines.

Ce n'était pas pour rehausser artificiellement leurs performances, clame le docteur, c'est l'éclair ! Ou plutôt le médicament qui a permis de remettre sur pied ces sportives très malchanceuses, foudroyées lors d'un orage peu avant la compétition. Le médecin leur a prescrit un remède traditionnel chinois à base de musc de cerf. L'homme de l'art s'empresse de fournir un échantillon de ce produit miracle aux organisateurs : quatorze stéroïdes sont identifiés dans ce bouillon de glandes de cerf.

☛ VERDICT

Cinq joueuses suspendues, le médecin banni six ans, une amende de 400 000 dollars pour la Fédération nord-coréenne et une exclusion de la Coupe du monde 2015, au Canada.

✌ LA MORALE

Un coup de foudre ne s'use que si l'on s'en cerf.

adidas
Meeting du Nord
2
Lille Métropole
adidas

Fatima Yvelain
Athlétisme

LE TORRENT D'EPO

De la boue pleine d'EPO projetée dans sa culotte… n'importe quoi !

Les grands récits se nichent parfois dans les plus petites courses du calendrier. Fatima Yvelain termine deuxième du semi-marathon de Perpignan au mois de juin 2012. À l'issue de la course, elle est contrôlée positive à l'EPO.

À 43 ans, Fatima Yvelain n'est pas une débutante : quadruple championne de France du 5 000 mètres, championne du monde de cross, elle a derrière elle un joli palmarès… et une casserole. Une suspension de trois mois pour dopage aux corticoïdes en 1997. Elle avait à l'époque affirmé que le produit lui avait été injecté par son dentiste pour la réveiller alors qu'elle avait perdu connaissance pendant l'extraction d'une molaire, suite à une rage de dents, la veille de la course. On sentait poindre, déjà, ce talent narratif qui allait culminer quinze ans plus tard.

Et c'est encore dans l'univers médical que Fatima Yvelain va puiser son inspiration pour expliquer son contrôle à l'EPO. Ce jour-là à Perpignan, des pluies torrentielles se sont abattues sur les concurrents du semi. Elle soutient que les trombes d'eau dévalant les pentes catalanes ont ruisselé sur des déchets hospitaliers qui, par projections, éclaboussures, ont imbibé ses vêtements, puis ses organes génitaux, donc ses urines, prélevées par les inspecteurs antidopage. Et c'est ainsi qu'on a trouvé de l'EPO dans l'éprouvette.

VERDICT
Deux ans de suspension.

LA MORALE
Tant va la cruche sous l'eau qu'à la fin elle se casse (en courant).

Marin Cilic
Tennis

ERREUR SUR LE PRODUIT

En 2013, le Croate Marin Cilic essuie un sacré revers.

Grand gabarit qui culmine à 1,98 m sous la toise et possède un service dévastateur, il remporte l'US Open en 2014 et s'incline, trois ans plus tard, en finale à Wimbledon. Mais, lors du tournoi de Munich en 2013, il est contrôlé positif au nicéthamide, un stimulant cardio-vasculaire faisant partie des substances interdites par le Code mondial antidopage. Voilà Marin dans la tempête !

En dehors des courts de tennis, Marin est un jeune homme sympathique, généreux, discret et travailleur. Un peu distrait, aussi !

Avant même d'être condamné, il prend les devants. Il explique qu'il a acheté en pharmacie des comprimés de coramine glucose – qui aident, entre autres, à lutter contre l'hypoglycémie –, sans savoir qu'ils contenaient du nicéthamide. Il plaide l'imprudence, l'erreur de jeunesse, la faute involontaire. Des fois qu'on l'aurait mal compris, il se déclare opposé « à toute utilisation de substances améliorant la performance dans le sport ». Il jure qu'il fera attention la prochaine fois.

VERDICT

La Fédération internationale de tennis condamne Cilic à neuf mois de suspension. En appel, sa peine est ramenée à quatre mois par le Tribunal arbitral du sport.

LA MORALE

C'est curieux, chez Marin, ce besoin de faire des phrases.

☛ **VERDICT**

Cinq ans de suspension !

✌ **LA MORALE**

Le cycliste bien élevé goûte à tous les produits.

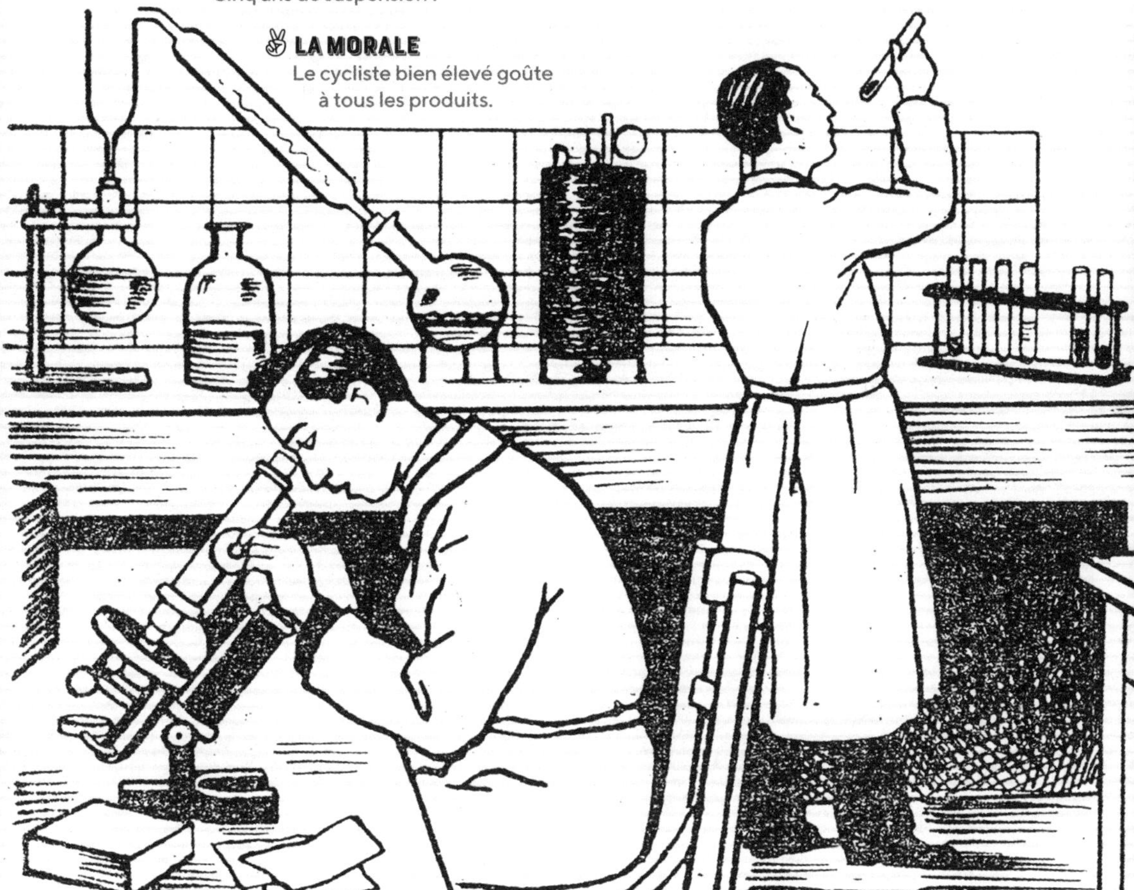

Lorenzo Bernucci
Cyclisme

LA FAMILLE COUPE-FAIM

En août 2004, lors du Tour d'Allemagne, l'Italien Lorenzo Bernucci est contrôlé positif à la sibutramine, un médicament coupe-faim employé dans le traitement de l'obésité.

Bernucci joue la naïveté : il ne savait pas que ce produit figurait sur la liste des produits prohibés, d'autant qu'il est vendu sans ordonnance dans les pharmacies italiennes. Il avoue prendre de la sibutramine depuis quatre ans. Les dirigeants de son équipe sont en colère : « Cette affaire est une question de négligence et de bêtise. » Il est licencié.

Pour autant, l'affaire du coupe-faim ne lui a pas coupé l'appétit du dopage. En 2010, repris de justesse par une autre formation, Bernucci subit une perquisition à domicile. Les carabiniers découvrent un nécessaire du petit chimiste, et notamment des flacons de perfluorocarbure dont l'usage s'apparente à du dopage sanguin. Sa mère et son frère déclarent aux enquêteurs que ses produits leur appartiennent. Sa femme envoie un message à son père pour lui demander de détruire des produits. Trop tard ! Dans cette affaire de dopage qui sent l'affaire de famille, sa femme, son frère, sa mère et son beau-père auront interdiction de fréquenter les espaces sportifs pendant plusieurs années. Tombant sous le coup de la récidive, Lorenzo écopera de la plus lourde sanction.

Pastilles
Pulmoll
Pastillen
Gorge, Larynx
Poitrine
Rhume - Toux
Bronchite
Hals, Kehlkopf,
Brust, Katarrh
Husten, Luftröh-
renentzündung
J. LAFARGE
Dr. en Pharmacie
Chateauroux
(INDRE)
Visa 846 P. 5460

Edgar Davids
Football

TOUX OU RIEN ?

Le Pitbull met autant de force à nier l'évidence du dopage que d'énergie sur un terrain de foot.

Mars 2001. Le footballeur néerlandais Edgar Davids, l'une des vedettes de la Juventus de Turin, subit un contrôle positif à la nandrolone, un stéroïde anabolisant.

Milieu de terrain « de caractère » pour ne pas dire teigneux, aussi infatigable que talentueux, le joueur, originaire du Suriname, a été surnommé Piranha, Vitamina, Duracell et pour finir Le Pitbull.

Le Pitbull confesse qu'il a pris un sirop homéopathique pour se débarrasser d'une toux récalcitrante. Les mauvaises langues diraient qu'il n'y est pas allé avec le dos de la cuillère. Mais Le Pitbull, devenu un agneau, en rajoute : « Je n'ai jamais pris de produits dopants ni de nandrolone de toute ma carrière. Il m'est même arrivé de refuser de simples injections pour soigner une grippe. J'ai de solides principes concernant ce type de produits : je ne touche pas à cette saleté. Je tiens à l'intégrité de mon corps. Tout comme je refuse de boire du vin ou de manger du chocolat. » Normalement ce genre d'excuse a toutes les chances de faire tousser les autorités antidopage.

VERDICT
Cinq mois de suspension, peine réduite à trente jours en appel.

LA MORALE
Avec le sirop d'Edgar, on avale surtout des couleuvres.

Maurren Higa-Maggi
Athlétisme

CONFONDUE PAR LA PEAU LISSE

Aux Jeux de Pékin en 2008, la Brésilienne Maurren Higa-Maggi devient championne olympique de saut en longueur, avec 1 centimètre de mieux que sa dauphine. Ça s'est joué à un poil. Et le poil, elle connaît !

Cinq ans auparavant, l'athlète a fait l'objet d'un contrôle antidopage positif au clostébol, un stéroïde anabolisant.

Spécialiste reconnue du grand bond en avant, elle détient, cette année-là, la meilleure performance mondiale de la saison avec un saut à 7,06 m. Quand on lui annonce la mauvaise nouvelle, Maurren tombe des nues. Jamais elle n'a consommé de produits interdits. Elle jure qu'elle est innocente et livre une poilante explication.

Pour s'épiler, elle a utilisé une crème dépilatoire contenant la substance dopante. Membre de la commission médicale de l'Agence mondiale antidopage, un médecin brésilien soutient l'athlète et son argumentation qui semble un peu tirée par les cheveux. Moins avertie qu'une esthéticienne professionnelle, elle aura sans doute omis de lire la notice qui, souvent, il faut le reconnaître, est écrite en petits caractères.

☛ VERDICT
Deux ans de suspension.

✌ LA MORALE
Une excuse au poil ne suffit pas.

Wilson Chandler
Basket

GRAND CORPS SALADES

Quand un basketteur comme Chandler avale des hormones de croissance, c'est rarement pour grandir davantage !

En août 2019, le basketteur américain Wilson Chandler est contrôlé positif à l'Ipamorelin, une hormone de croissance que la NBA, la ligue de basket professionnelle nord-américaine, a placée sur la liste des produits dopants en 2016.

Ce grand garçon mesure déjà 2,03 m. Il cherche plutôt le moyen de développer sa masse musculaire le plus rapidement possible car il ne pèse que… 107 kilos.

Tatoué et barbu, le grand Chandler avoue avoir péché par ignorance : « Alors que j'étais en convalescence, je me suis vu prescrire un traitement qui incluait de faibles doses d'une substance récemment ajoutée à la liste des produits interdits. Je ne savais pas. Le médecin non plus. J'accepte ma responsabilité et demande pardon à mes coéquipiers, mes entraîneurs, les dirigeants et les fans pour cette erreur. »

Chandler est gêné aux entournures car il venait tout juste d'être transféré des Los Angeles Clippers aux Brooklyn Nets : un contrat d'un an pour la somme de 2,6 millions de dollars. Quand il se fait prendre, la saison n'a pas encore commencé !

VERDICT
25 matchs de suspension.

LA MORALE
L'hormone de croissance ne grandit pas le basketteur.

Guillermo Mota
Base-ball

UNE CUILLERÉE POUR PAPA

En mai 2012, le joueur de base-ball Guillermo Mota, lanceur vedette des Giants de San Francisco, est contrôlé positif au clenbutérol.

Chez un patient qui ne se dope pas, le clenbutérol est censé traiter les problèmes d'asthme. Chez un sportif, c'est un anabolisant qui permet d'augmenter la masse musculaire et de brûler les graisses. Sans doute Guillermo Mota s'est-il emmêlé les pinceaux… et les cuillères.

D'après ses explications, les traces détectées dans son organisme proviennent d'un sirop pour la toux destiné aux enfants, qu'il aurait consommé par inadvertance. Prenant soudain conscience qu'un sportif de haut niveau doit faire attention à ce qu'il avale, Mota reconnaît qu'il aurait dû lire attentivement l'étiquette. « La prochaine fois, je ferai attention », conclut-il.

Mota est un récidiviste. Il s'est déjà fait pincer pour usage interdit de potion magique.

VERDICT
La Ligue majeure de base-ball condamne Mota à 100 matchs de suspension.

LA MORALE
Pour endormir sa carrière, rien de mieux qu'un sirop pour enfant.

En 2006, il a fait l'objet d'une suspension de 50 matchs pour s'être trompé de produit – c'est maladif, décidément. Il n'est pas le premier joueur vedette de base-ball qui alimente la chronique. Dans les années 2000, plusieurs scandales liés au dopage ont terni la réputation d'un sport parmi les plus populaires aux États-Unis.

Wayne Odesnik
Tennis

UN JOUEUR DE COMPLÉMENTS

Le tennisman américain Wayne Odesnik est un grand champion. Son genre à lui, c'est le dopage à répétition, qui lui a valu l'une des plus longues peines jamais prononcées.

L'affaire fatale se déroule entre le 14 décembre 2014 et le 12 janvier 2015, lorsqu'Odesnik fait l'objet de trois contrôles inopinés dont les analyses révèlent la présence de stéroïdes. Carton plein ! Odesnik, sans ironie, c'est Monsieur 100 %.

Sa première réaction a été la surprise. « Je suis choqué et déçu, mais sachez que je suis le joueur américain le plus contrôlé sur le circuit, et que je n'aurais pas volontairement pris des produits dopants. » Après ces paroles qui ne prouvent rien, il se livre : « Je pense avoir ingéré involontairement les substances dopantes contenues dans des compléments alimentaires. » « Alimentaire, mon cher Watson », aurait dit Sherlock Holmes si d'aventure il s'était mis en tête de résoudre cette énigme dopante.

Manifestement, les produits interdits n'aident pas Odesnik à obtenir des résultats extraordinaires. En 2010 déjà, il est suspendu deux ans après avoir été arrêté en

possession d'hormones de croissance à l'aéroport de Melbourne, avant l'Open d'Australie. Suspension divisée par deux en raison de sa collaboration avec les autorités antidopage. Pour mieux repartir !

VERDICT

Quinze ans de suspension.

LA MORALE

La répétition fait la réputation.

Therese Johaug
Ski de fond

SUSPENDUE À SES LÈVRES

Il ne faut pas soigner les gerçures avec n'importe quoi.

Un an et demi avant le début des jeux Olympiques de PyeongChang en Corée du Sud, la Norvégienne Therese Johaug a des rêves de médaille d'or.

Elle peut croire en ses rêves car elle est septuple championne du monde et elle survole sa discipline. Mais, du baume au cœur au baume à lèvres, il y a l'épisode de septembre 2016. Un contrôle positif au clostébol, un stéroïde, va refroidir les ardeurs de Therese. Ça jette un froid en Norvège où le ski de fond est considéré comme un sport national et où la blonde Therese jouit du statut de vedette.

D'emblée, elle clame son innocence. Si clostébol il y a, c'est à cause d'un baume à lèvres fourni par le médecin de l'équipe nationale pour soigner des brûlures subies lors d'un entraînement en altitude. Apparemment, personne n'a remarqué la mise en garde figurant sur l'emballage. Le médecin endosse toute la responsabilité de l'affaire et démissionne.

En Norvège, Therese bénéficie du soutien des fans de ski. Ils excluent toute tentative de tricherie, les quantités retrouvées n'étant pas considérées comme suffisantes pour doper les performances. Reste la négligence. Cette « petite » erreur d'appréciation va l'empêcher de participer aux Jeux et de concrétiser ses rêves dorés.

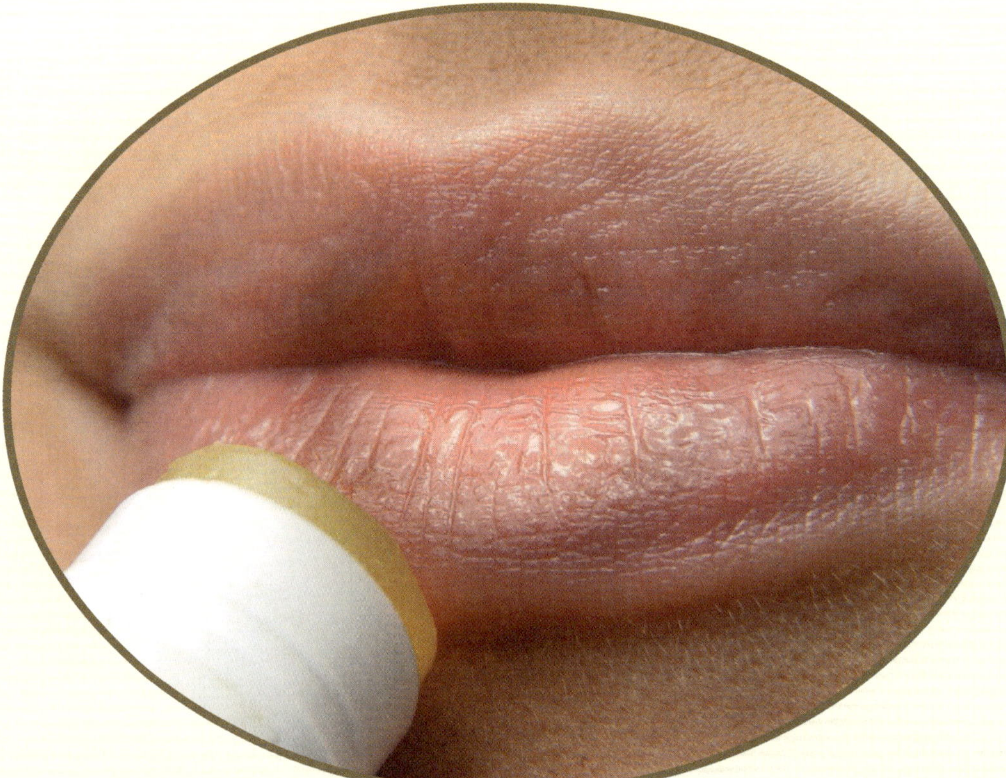

☛ VERDICT

La Fédération norvégienne lui inflige treize mois de suspension, peine alourdie à dix-huit mois en août 2017 par le Tribunal arbitral du sport.

✌ LA MORALE

Quand le cœur fait baume, la skieuse touche le fond.

Nigel Levine
Athlétisme

UN TROU DE MÉMOIRE

À peine remis sur pied après un grave accident de moto, c'est la brigade antidopage qui lui tombe dessus.

Levine n'est pas un coureur d'opérette. Spécialiste du relais 4 x 400 mètres, lequel lui a rapporté une médaille d'or aux championnats d'Europe, Nigel Levine est contrôlé positif au clenbutérol en novembre 2017 lors d'un test hors compétition, alors qu'il reprend tout juste l'entraînement. Son affaire a fait grand bruit en Angleterre, notamment en raison de sa défense… « à trous ».

Il ne conteste pas la présence d'une substance prohibée, mais il affirme qu'elle se trouvait dans des compléments alimentaires contaminés. Quels compléments alimentaires ? Euh, c'est-à-dire que… eh bien, Nigel a oublié !

Quelques fréquentations douteuses question éthique sportive n'ont pas aidé Nigel Levine. Longtemps, il s'est entraîné avec Linford Christie, champion olympique du 100 mètres, sanctionné pour dopage à la nandrolone en 1999 (voir p. 58). Sans parler de Robert Wagner, son manager d'origine autrichienne, suspendu à titre provisoire par la Fédération internationale d'athlétisme au printemps 2018 pour incitation au dopage.

À aucun moment, Levine ne parvient à prouver que le clenbutérol présent dans son organisme aurait été absorbé de manière accidentelle.

☛ VERDICT
Quatre ans de suspension.

✌ LA MORALE
Pour la mémoire, les vitamines valent mieux que le clenbutérol.

Marco Borriello
Football

LES CHARMES DU DOPAGE

C'est sa liaison avec une top model argentine qui va lui offrir une renommée mondiale, ainsi qu'un alibi d'un goût douteux…

Prêté de club en club, l'attaquant napolitain ne parvient pas à s'imposer au Milan AC. Le 11 novembre 2006, Marco Borriello dispute le dernier quart d'heure de la rencontre Milan AC-AS Roma, 11e journée de Serie A. Éternel remplaçant, le buteur passe au contrôle antidopage à l'issue du match : le test révèle des traces de corticostéroïde, de la cortisone. Borriello brandit alors une justification médico-sexuelle : l'infection vaginale de sa compagne, Belen Rodriguez, mannequin de 22 ans, bientôt animatrice à la télévision italienne. Elle aurait traité le mal avec une crème à la cortisone. Et c'est lors d'un rapport que le joueur de 24 ans aurait été contaminé. L'histoire affole les magazines people qui se délectent des rebonds intimes de l'épisode. La notoriété des deux tourtereaux explose, mais les limites sportives de Borriello l'empêcheront d'aller au-delà de sept sélections avec la Nazionale. Séparée de Marco depuis 2008, Belen Rodriguez poursuit une carrière à succès, actrice, chanteuse et chef d'entreprise.

☛ VERDICT
Trois mois de suspension.

✌ LA MORALE
Honni soit qui mâle y pense.

☛ VERDICT
Un petit mois de suspension !

✌ LA MORALE
« Le hasard est le maître de l'humour. » (Max Ernst.)

James Cronin
Rugby

LE PHARMACIEN ÉTOURDI

Le pharmacien se serait trompé de client. Trop bête !

Le 23 novembre 2019, après un match de Coupe d'Europe contre le Racing 92, l'Irlandais James Cronin, pilier de l'équipe du Munster, fait l'objet d'un contrôle inopiné.

Six mois plus tard, James est déclaré positif à la prednisolone et à la prednisone. Ces deux substances, de la famille des corticoïdes, sont interdites par l'Agence mondiale antidopage car elles permettent d'améliorer les capacités mentales et physiques.

Les athlètes disposant d'une autorisation d'usage à des fins thérapeutiques (AUT) peuvent utiliser des corticoïdes pour se soigner, mais l'Irlandais reconnaît qu'il n'en a pas. Loin de s'effondrer, ce solide pilier de 118 kilos explique: avant de disputer son match contre le Racing, il est souffrant. Un médecin lui prescrit des antibiotiques. Il se rend à la pharmacie et là, erreur sur la personne, le pharmacien lui donne des médicaments destinés à un autre client. Comble de malchance, ces derniers contiennent des produits dopants !

L'officier judiciaire chargé de l'enquête considère que la violation du règlement antidopage est involontaire mais il refuse de blanchir le pilier dans la mesure où un sportif doit assumer la responsabilité des substances présentes dans son organisme.

Guillermo Coria
Tennis

DES VITAMINES EN TRAVERS DE LA GORGE

Les compléments alimentaires auraient été contaminés.

L'Argentin Guillermo Coria est surnommé El Mago (« Le Magicien ») en raison de quelques coups de raquette extraordinaires dont il a le secret.

En 2004, il atteint la finale à Roland-Garros mais il est battu en cinq sets par son compatriote Gaudio, après deux balles de match en sa faveur. Un manque de vitamines, peut-être ?

Pourtant, les vitamines, ça le connaît. En 2001, lors du tournoi de Barcelone, El Mago, 19 ans, est contrôlé positif à la nandrolone. Il sort une excuse de son chapeau. « Tout le monde sait que les entraîneurs donnent des vitamines aux joueurs. J'ai pris des vitamines contaminées. On ne m'a pas cru. J'ai été très affecté. »

Touché mais pas coulé, Coria porte plainte contre le fabricant de compléments alimentaires américain. Il veut à tout prix se débarrasser de son costume de tricheur mais pas seulement, selon son avocat : Le Magicien est aussi philanthrope, sa démarche a pour but d'éviter à d'autres joueurs de connaître pareille mésaventure. La plainte ne donne rien. Le fabricant n'a rien à se reprocher.

☛ VERDICT
Deux ans de suspension, peine réduite à sept mois par l'Association des tennismen professionnels.

✌ LA MORALE
Avec Le Magicien, c'est la vérité qui disparaît.

Alain Baxter
Ski alpin

UN SKIEUR UN PEU TROP SPEED

Mais il avait un mauvais rhume...

C'est jour de fête à Aviemore, village de moyenne montagne des Highlands. Alain Baxter rentre au pays auréolé de la première médaille britannique en ski alpin de l'histoire des Jeux d'hiver. Le héros local parade sur un bus à impériale dans les rues de la station mais il sait déjà qu'il a été contrôlé positif une semaine plus tôt.

23 février 2002. Alain Baxter monte sur la 3e marche du podium de l'épreuve de slalom de Salt Lake City derrière les Français Vidal et Amiez. Les cheveux colorés avec la croix de Saint-André du drapeau écossais, « Highlander », son surnom sur le circuit, offre à la Couronne un bronze historique.

Mais en quittant le village olympique, Baxter apprend que ses urines ont révélé des traces de métamphétamines, du « speed » en argot. Baxter dément en bloc et renvoie la faute sur un spray, du Vicks, qu'il a inhalé à cause d'un gros rhume. Ses avocats démontrent que la formule vendue aux États-Unis diffère de celle utilisée habituellement par leur client au Royaume-Uni : elle contient un dérivé d'amphétamines qui n'a pas de propriétés stimulantes.

Grâce à cette défense, la sanction de trois mois de suspension infligée par la Fédération internationale de ski est annulée par le Tribunal arbitral du sport en septembre

2002. Encouragé par ce résultat, Baxter espère récupérer du CIO la médaille qui lui a été retirée. Peine perdue. Le skieur est considéré comme « responsable » des produits retrouvés dans son corps mais « le jury [le] tient pour un homme sincère et honnête qui n'a pas triché intentionnellement lors de la course ».

VERDICT

Médaille de bronze annulée et réattribuée à l'Autrichien Benjamin Raich.

LA MORALE

Inhaler simple peut entraîner un retour compliqué.

Samir Nasri
Football

LE PATIENT AMÉRICAIN

Surdoué et turbulent. Samir Nasri a souvent fait parler de lui pour ses qualités de footballeur mais aussi pour son tempérament… tonique.

Peut-être aurait-il dû éviter la cure de vitamines qui va le précipiter dans une affaire de dopage des plus glamour.

Fin décembre 2016, l'ancien Marseillais est en vacances à Los Angeles. Rien de répréhensible, si ce n'est qu'une photo publiée sur les réseaux sociaux le montre bras dessus bras dessous avec Jamila Sozahdah, médecin et cofondatrice de la clinique Drip Doctors (les « docteurs du goutte-à-goutte ») spécialisée dans les perfusions de vitamines et les traitements anti-âge. Un établissement haut de gamme qui propose des cures aux stars du sport et du show-biz.

La praticienne précise que son illustre patient a reçu 500 ml de nutriments par intraveineuse. Problème : ce type de soin est interdit sans autorisation thérapeutique validée par l'Agence mondiale antidopage. Les autorités espagnoles (Nasri est alors en prêt au Séville FC) ouvrent donc une enquête. Nasri affirmera plus tard qu'un virus l'avait cloué au lit à la fin de son séjour californien et que, comme le médecin n'arrivait pas, un ami l'avait orienté vers la médiatique Dr Sozahdah. « Il n'y avait pas de produits dopants, c'est le dosage [qui était trop important] », expliquera Nasri.

☛ **VERDICT**
Dix-huit mois de suspension infligée par la commission d'appel de l'UEFA.

✌ **LA MORALE**
Il faut parfois éviter de se faire piquer à la clinique.

Rafael Palmeiro
Baseball

GRAND FRAPPEUR, PETIT RAPPORTEUR

Natif de La Havane, Rafael Palmeiro est célèbre pour sa puissance de frappe… et des soupçons d'usage de stéroïdes.

En 2005, un joueur de base-ball cubain accuse, dans sa biographie, son compatriote Rafael Palmeiro d'être un utilisateur de stéroïdes. José Canseco assure qu'il a lui-même injecté les produits à son coéquipier des Texas Rangers. « Je n'ai jamais pris de stéroïdes. Point », clame Palmeiro, sous serment, face au Congrès américain qui l'entend dans le cadre d'une enquête parlementaire.

Six mois plus tard, la déclaration vole en éclats : Palmeiro est contrôlé positif au stanozolol, un stéroïde. Devant la commission de discipline de la MLB (Major League Baseball), le joueur rejette la faute sur un coéquipier de la franchise de Baltimore qui lui aurait fourni ce qu'il croyait être de la vitamine B12 injectable. Dans une interview au *New York Times*, il réitère ses dénégations. Palmeiro passe même avec succès au détecteur de mensonges. Et il échappe aux poursuites pour parjure devant le Congrès. Mais sa réputation va en pâtir : pour son retour, il pénètre sur le terrain de Toronto avec des bouchons d'oreille pour se protéger des sifflets de la foule.

☛ **VERDICT**
10 matchs de suspension.

✌ **LA MORALE**
Au baseball, la franchise est un modèle économique, pas une philosophie...

VERDICT
Blanchi.

LA MORALE
En Italie, les excuses sont parfois des œuvres dard.

Fabio Cannavaro
Football

LE CAPITAINE S'EST FAIT PIQUER

Champion du monde 2006, le capitaine de la sélection italienne est aussi Ballon d'Or cette année-là. Mais le footballeur vedette est également célèbre pour ses piqûres, et pas seulement d'insectes.

En début de saison 2009, Fabio Cannavaro est de retour à la Juventus de Turin après trois ans en Espagne. Au mois d'octobre, un contrôle antidopage révèle des traces de cortisone. Le joueur et les dirigeants de la Juve affirment que Cannavaro a été piqué par une guêpe et que son état a nécessité l'application d'une crème, la Gentalyn, qui contient ce corticoïde interdit. Une erreur de « communication » aurait empêché les médecins du club de transmettre l'autorisation à usage thérapeutique (AUT) au Comité olympique italien. Quelques années auparavant, le même Cannavaro, alors à Parme, avait été filmé en train de subir des injections avant la finale de la Coupe de l'UEFA face à Marseille. L'affaire n'avait donné lieu à aucune poursuite, le joueur et son club affirmant qu'il s'agissait de vitamines autorisées.

Javier Sotomayor
Saut en hauteur

LE SAUTEUR QUI FAIT PARLER LA POUDRE

Le Cubain Javier Sotomayor est le genre d'athlète capable de planer très, très haut. En 1993, il bat son propre record du monde avec un bond stupéfiant à 2,45 m.

Pour donner la juste mesure de l'exploit, c'est un centimètre plus haut que la barre transversale d'une cage de but au football.

En 1999, il redescend sur terre lorsque les contrôleurs détectent des traces de cocaïne dans ses urines, à l'issue de l'épreuve de saut des jeux Panaméricains. « Pour cette substance, il n'y pas de minimum. Peu importe la quantité trouvée, c'est une infraction au code médical », précise le docteur de la commission qui a relevé l'infraction. Puisque la présence de cocaïne ne fait pas de doute, la question est de savoir comment elle est arrivée dans le corps du sauteur. Sotomayor se défend: «Je n'ai jamais vu de cocaïne autre part que dans des films.» Son entourage plaide en sa faveur: un médecin lui aurait donné un thé en provenance du Pérou pour soigner des maux d'estomac. Qu'il s'agisse d'un mensonge ou d'une excuse réelle, Sotomayor est condamné à deux ans de suspension. Cela signifie qu'il va rater les jeux Olympiques de Sydney, a priori les derniers de sa carrière car il est âgé de 32 ans au moment de sa condamnation.

C'est alors qu'entre en piste Fidel Castro, le Lider Maximo de l'État cubain, qui profite d'un entretien télévisé pour livrer la vérité.

Ou plus exactement *sa* vérité : « Sotomayor a été empoisonné et toute cette affaire a été orchestrée par la mafia américano-cubaine. » Son gouvernement renchérit : « C'est un complot de la CIA. » Impossible de mesurer l'influence de ces propos, toujours est-il que la Fédération internationale d'athlétisme a divisé par deux la suspension de Sotomayor au motif qu'il a été contrôlé négatif 300 fois au cours de sa carrière. Le sauteur cubain, surnommé Soto el Magnifico ou encore Le Prince des hauteurs, peut donc participer aux Jeux de Sydney où il remporte la médaille d'argent.

En 2001, Sotomayor est de nouveau contrôlé positif, cette fois à la nandrolone. Fidel Castro n'accuse personne.

VERDICT Suspension à vie. **LA MORALE** Du sport aux paradis artificiels, il n'y a qu'un saut !

Pieter De Villiers
Rugby

EN PREMIÈRE LIGNE

Le 18 décembre 2002, suite à un contrôle inopiné, le pilier du Stade français, Pieter De Villiers, est reconnu positif à la cocaïne et à l'ecstasy.

Joueur du XV de France, De Villiers est un avant redouté sur tous les terrains de la planète rugby. En revanche, sur le terrain du dopage, ce Sud-Africain d'origine, naturalisé français, est décontenancé.

« Je ne me dope pas, je ne me drogue pas. Je ne sais pas comment ces produits sont arrivés dans mon corps. » De Villiers avance un début d'explication : le 14 décembre, lors d'une « troisième mi-temps » très arrosée, il aurait bu un verre dans lequel quelqu'un aurait versé « à son insu » de la poudre. Quelqu'un ? Pourquoi ? Nul ne sait. Il reprend : « Je me suis senti malade, des sensations comme je n'en avais jamais ressenti. J'ai vomi. Le lendemain, j'avais très mal à la tête. Je suis peut-être tombé dans un piège, mais, consciemment, je n'ai jamais pris de cocaïne ni d'ecstasy. » L'homme tord les accusations comme les piliers adverses en mêlée fermée. Il reçoit le soutien de Max Guazzini, le président du Stade Français, et de Bernard Laporte, le sélectionneur de l'équipe de France.

Le 5 mars 2003, la Fédération française de rugby estime qu'aucune sanction ne peut être retenue contre Pieter De Villiers. Elle invoque un vice de forme. Le pilier retrouve sa place chez les Bleus.

VERDICT
Pas de condamnation.

LA MORALE
Jour en mêlée. Nuit blanche.

Laureline Gaussens
Trail

L'AMIE DU PAIN AU PAVOT

La morphine retrouvée dans les urines de la coureuse proviendrait… du pain pris au petit déjeuner !

En mai 2015, Laureline Gaussens termine deuxième du Trail de Côte d'Or, une épreuve de course à pied de 47 kilomètres en pleine nature. Le contrôle antidopage révèle la présence de morphine dans ses urines. Elle se dit surprise car elle ne prendrait jamais de traitement autre qu'homéopathique.

L'instance antidopage de la Fédération française d'athlétisme (FFA) balaie ses explications, soulignant que la morphine est un produit très adapté à la pratique du trail. Deux ans de suspension ! Mais la responsable de l'Antenne médicale de prévention du dopage en Languedoc-Roussillon vient à la rescousse de l'athlète en formulant l'hypothèse du pain au pavot que Laureline a mangé au matin de sa course.

Les graines de pavot ont déjà défrayé la chronique. En 1992, le cycliste américain Alexis Grewal est suspendu trois mois. Il aurait mangé des muffins au pavot. En 2011, un triathlète néo-zélandais, Graham O'Grady, est accusé puis blanchi. Il est alors admis que les graines de pavot ingérées ont fait apparaître des traces de morphine dans son organisme après métabolisation. Six mois après l'avoir condamnée, la FFA accepte l'idée que Laureline a été dopée à son insu.

VERDICT
Pas de sanction !

LA MORALE
Pavot. Pas pris.

Ross Rebagliati
Snowboard

EXPERT EN OR VERT

Son nom est resté dans l'histoire comme celui du premier champion olympique de snowboard. Mais un contrôle positif au cannabis va changer sa vie et confirmer sa vocation.

Nagano, 8 février 1998. Le snowboard apparaît au programme des Jeux d'hiver pour générer de nouveaux revenus en modernisant la compétition. Ross Rebagliati décroche la première médaille d'or en slalom géant : « Je vais fêter ça toute ma vie », déclare le rider de 26 ans. Mais « ça » ne va durer que trois jours. Le temps de l'analyse des échantillons d'urine du champion dont le résultat dévaste les Canadiens: dix ans après Ben Johnson (voir p. 102), un autre compatriote est testé positif, non pas aux stéroïdes, mais au cannabis ! Pour sa défense, Rebagliati affirme qu'il est un consommateur « passif », intoxiqué au cours d'une soirée, juste avant son départ pour les Jeux. Un peu trop « fumeux » pour les notables du CIO. Dans un premier temps, sa médaille lui est retirée. Il est placé en garde à vue dans un commissariat japonais. Après une bataille juridique, le Tribunal arbitral du sport annule la sanction, arguant que le cannabis n'est pas formellement interdit hors compétition par le CIO. D'autres analyses confirmeront qu'il était un fumeur régulier... et un militant de la cause cannabique.

Rentré au pays, Rebagliati devient une vedette controversée et un inlassable promoteur de la légalisation du cannabis. Stimulation de l'appétit, baisse de l'anxiété, il en vante les vertus pour… les sportifs. Un spécialiste, créateur de sa marque pour la consommation thérapeutique, Ross's Gold. Un vrai chercheur d'or.

☛ VERDICT
Sanction annulée, surfeur blanchi.

✌ LA MORALE
Qui maîtrise sa montée excelle en descente (et en slalom).

Mark Bosnich
Football

LES AMOUREUX DE LA NARINE

C'est par amour que le gardien australien a pris de la coke.

Le gardien de but australien du club de Chelsea est un homme comblé. Il perçoit un salaire de 250 000 euros par mois. Il roule dans une voiture très chère qui va très vite et, dernier élément de sa panoplie de footballeur professionnel, sa fiancée, très belle, donne dans le mannequinat de haut niveau. Accessoirement, elle abuse de la cocaïne.

Est-ce un hasard ? Fin 2002, Bosnich est suspendu neuf mois à titre provisoire par la Fédération anglaise. On a retrouvé des traces de cocaïne dans son organisme. Mark Bosnich a cependant une ligne de défense. Si l'on peut dire. Il prétend que, pendant une sortie en boîte de nuit, une femme s'est versé de la cocaïne dans son verre. En discutant, il s'est trompé de verre. Voilà tout ! Ce genre d'explication, pour les membres de la fédération, c'est rien que de la poudre aux yeux. Bosnich finit par dire toute la vérité et rien que la vérité. Il a pris de la blanche de son plein gré par amour pour sa fiancée, afin de tenter de lui faire comprendre qu'il n'est pas convenable de se droguer. Le gardien de but va plonger, mais pas pour arrêter le ballon. Il est reconnu coupable pour mauvaise conduite et transgression des lois contre le dopage.

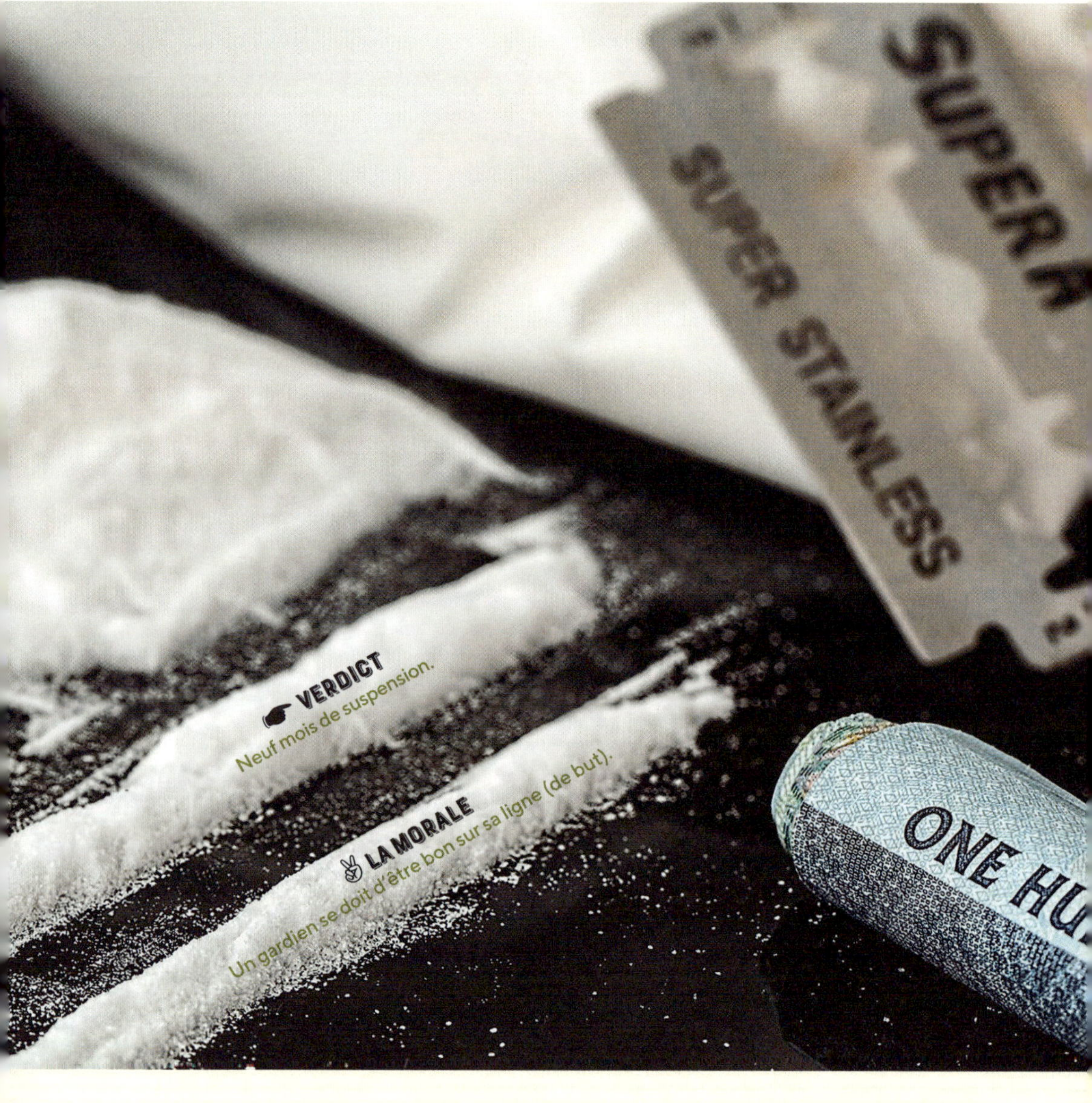

VERDICT
Neuf mois de suspension.

LA MORALE
Un gardien se doit d'être bon sur sa ligne (de but).

Nicholas Delpopolo
Judo

UN STUPÉFIANT DESTIN

Avant d'entrer sur le tatami, le judoka américain s'offre une fête au bon goût d'herbe.

La vie de « Nick » était semée d'embûches. Abandonné par ses parents biologiques au Monténégro à l'hiver 1989, le futur judoka est adopté par un couple du New Jersey. Il trouve une famille mais perd alors son patronyme slave, Perovic, et son prénom hautement prémonitoire, Petar...

En 2012, à Londres, Nicholas Delpopolo dispute son premier tournoi olympique. Il termine septième, résultat plein de promesses pour ce combattant de 23 ans. Mais le soir de sa défaite au 3e tour, Delpopolo est contrôlé positif au cannabis : « Mon test positif est dû au fait que j'ai mangé, sans faire attention, un plat cuisiné avec de la marijuana », explique-t-il en présentant ses excuses. Delpopolo est immédiatement exclu des Jeux. C'est semble-t-il une pâtisserie au cannabis (*pot brownie*) consommée lors d'une fête entre amis pour célébrer le début des Jeux, qui aura brisé le rêve de l'infortuné Nick Delpopolo. Réputation à terre, Delpopolo tentera de rebondir en changeant de vie et de région, soutenu par son épouse, pour une rédemption à l'américaine. Elle culminera avec une autre

septième place aux JO de Rio en 2016 et une médaille d'or aux Jeux panaméricains en 2013. Delpopolo a pourtant joué de malchance car, peu de temps après son contrôle, le taux de cannabis autorisé sera relevé. À un an près, il aurait été négatif. Le destin.

VERDICT
Annulation de la septième place.

LA MORALE
Le sport de haut niveau, c'est pas du gâteau.

Jan Ullrich
Cyclisme

LE POUPIN QUI DIT NON

Imbattable dans les épreuves chronométrées, puissant dans les montées, c'est dans la descente aux enfers qu'Ullrich va vraiment exceller.

Avec son visage juvénile et son talent hors normes, Ullrich devient en 1997 le premier (et unique) Allemand vainqueur du Tour de France. Le 12 juin 2002, Ullrich subit un contrôle positif aux amphétamines. Le cycliste est pourtant blessé au genou et déjà forfait pour la Grande Boucle. Ullrich reconnaît avoir consommé de l'ecstasy en discothèque. Les amphétamines sont proscrites, aussi le champion affirme cet été-là : « Pendant toute ma carrière, je n'ai jamais essayé de substances interdites pour améliorer mes performances. » Il est suspendu six mois et doit payer 600 000 euros d'amende (deux mois de son salaire de l'époque).

Ce sera le seul contrôle positif de sa carrière. Mais, quatre ans plus tard, Ullrich est entraîné dans le tourbillon de l'affaire Puerto :

VERDICT
En 2012, le Tribunal arbitral du sport condamne Jan Ullrich à deux ans de suspension et annule tous ses résultats depuis 2005.

LA MORALE
Mieux vaut garder le sens de la course que le sens de la fête.

des poches de son sang sont retrouvées dans le laboratoire du Dr Fuentes, gourou d'un réseau de dopage sophistiqué dans les années 2000. Interdit de participation au Tour de France, il déclare : « Je vais me battre pour prouver mon innocence. »

En 2007, il met un terme à sa carrière et persiste : « Je n'ai rien à me reprocher. » Six ans plus tard, il passe finalement aux aveux et reconnaît s'être dopé, « pour avoir les mêmes chances que les autres ».

REMERCIEMENTS

Christophe Duchiron remercie chaleureusement tous les sportifs suspectés ou convaincus de dopage ainsi que leurs entraîneurs, leurs avocats et leurs équipes de communication sans qui ce livre n'aurait jamais existé. Il salue l'action des Jules Verne du muscle à l'imagination débordante. Il en appelle solennellement aux justifications incongrues, et aux joyaux de mensonges.
Merci à « Coin-Coin » et « Pintadeau » pour leur aimable collaboration.

Manuel Tissier remercie sincèrement les plus hautes autorités antidopage ainsi que les contrôleurs, les médecins, les chimistes, les douaniers, les juges et les journalistes sportifs sans qui ce livre n'aurait jamais existé. Il salue l'action de ces chevaliers de l'équité sportive. Il en appelle solennellement au renforcement de l'arsenal répressif car un athlète qui se fait prendre c'est la promesse, peut-être, d'une excuse extraordinaire.
Merci à Nola Darling pour son existence et à Anne Buffet pour sa morale et sa lecture attentive.

Crédits photographiques

Couverture : Adobe Stock

Photographies et illustrations de l'intérieur : D.R. sauf :

Presse Sports, pages : 12, 22, 30, 35, 53, 55, 58, 76, 78, 82, 95, 96, 99, 102, 105, 109, 111, 113, 115, 116, 129, 135, 145, 157, 160, 173

Panoramic, pages : 15, 47, 132, 155, 159

Adobe Stock : 37, 48, 51

Icon Sport, page : 61

Direction
Jean-Louis Hocq

Direction d'ouvrage
Cécile Thomas

Direction éditoriale
Jean-Philippe Bouchard

Éditeur junior
Maxime Lafon

Fabrication
Emmanuelle Laine

Photogravure
Chromostyle

FSC
www.fsc.org
MIXTE
Papier issu de
sources responsables
FSC® C003309

Imprimé en France par SEPEC
N° d'impression : 07781200812